SIGMUND FREUD

Uygarlığın Huzursuzluğu

21.09.22
Eskisehir

D1677175

OLİMPOS®

UYGARLIĞIN HUZURSUZLUĞU
Sigmund Freud

Çevrildiği Dildeki Adı: Civilization and Its Discontents
© 2021, Olimpos Yayınları

Editör: Fatma Büşra Günçel
Son Okuma: Edanur Varol
Çeviren: Simge Pişkinsoy
Kapak Tasarımı: Betül Akyar
Sayfa Tasarımı: B&S Ajans

1. Baskı: Temmuz 2021
ISBN: 978-605-74367-3-3

OLİMPOS YAYINLARI
Maltepe Mah. Davutpaşa Cad. Yılanlı Ayazma Yolu No:8 K:1 D:2
Davutpaşa / İstanbul
Tel: (0212) 544 32 02 (pbx) Sertifika No: 42056
www.olimposyayinlari.com - info@olimposyayinlari.com

Genel Dağıtım: YELPAZE DAĞITIM YAYIN SANAT PAZARLAMA
Maltepe Mah. Davutpaşa Cad. Yılanlı Ayazma Yolu No:8 K:1 D:2
Davutpaşa / İstanbul
Tel: (0212) 544 46 46 Fax: (0212) 544 87 86
info@yelpaze.com.tr

Baskı: Ezgi Matbaacılık San. Tic. Ltd. Şti.
Sanayi Cd. Altay Sk. No:10 No:15 Kat:4 Çobançeşme / Yenibosna / İstanbul
Tel: 0212 452 23 02 Sertifika No: 45029

SIGMUND FREUD

Uygarlığın Huzursuzluğu

OLİMPOS®

1856 – 1939

Sigmund Freud Hakkında

Avusturyalı nörolog ve psikanalizin kurucusu Sigmund Freud, 6 Mayıs 1856'da Freiberg, Moravya'da (şimdiki adı Příbor, Çek Cumhuriyeti[1]) doğdu ve 23 Eylül 1939'da Londra, İngiltere'de öldü.

Freud, haklı olarak çağının entelektüel fikir camiasında en etkili fikir ve otorite sahibi kimseler arasında anılabilir. Mucidi olduğu, ilk zamanlarda teori olan psikanaliz; insan ruhunun hastalıklarını gidermek için bir terapi, kültür ve toplumun yorumlanması için bir bakış açısıydı. Tekrarlanan eleştirilere, reddetme girişimlerine ve Freud'un çalışmalarının niteliklerine rağmen, büyüsü ölümünden sonra ve dar bir şekilde tanımlandığı gibi psikolojiden çok uzak alanlarda da yer aldı. Amerikalı sosyolog Philip Rieff'ın[2] iddia ettiği gibi "psikolojik insan", 20. yüzyılın baskın kişilik imajı "politik, dinsel ya da ekonomik insan" gibi kavramların yerini aldıysa, bunda Freud'un vizyonunun ve çalışmalarının payı küçümsenemez, dolayısıyla arkasında bıraktığı entelektüel mirasın tükenmezliği gibi görünür.

Yaşamının İlk Dönemleri ve Eğitim

Freud'un babası Jacob, annesi Amalia Nathansohn'la

---

1 Příbor, Çek Cumhuriyeti'nin Moravya-Silezya bölgesinde bulunan bir kasaba. (ç.n.)
2 Philip Rieff, 1961'den 1992'ye kadar Pensilvanya Üniversitesi'nde sosyoloji dersi veren Amerikalı bir sosyolog ve kültürel eleştirmen, aynı zamanda Freud ve mirası hakkında bir dizi kitabın yazarıdır.

evlenmeden önce bir kez evlenmiş Yahudi bir yün tüccarıydı. Freud doğduğunda kırk yaşında olan Jacob'un nispeten daha uzak ve otoriter bir kişilik olmasının yanında, annesi daha merhametli ve duygusal yönü baskın bir karakterdi. Her ne kadar Freud'un iki büyük üvey erkek kardeşi olsa da -dengesiz gibi görünen ilişkilerine rağmen- en güçlü ve samimi arkadaş modeli, Freud'un kendisinden daha sonra sık sık bahsettiği, kendinden bir yıl kıdemli ve ileriki dönemlerde rakibi olan kuzeni John'du.

1859'da, Freud ailesi ekonomik nedenlerden dolayı Leipzig'e ve ardından bir yıl sonra, 1938'de Nazi'nin Avusturya'yı ilhak etmesine kadar Freud'un kaldığı Viyana'ya taşınmak zorunda kaldı. Freud'un imparatorlukla yönetilmekten hoşlanmamasına rağmen burada kalmasının sebebi, vatandaşlarının sıkça kültürel ve politik bağlamda ortaya çıkan antisemitizm kaynaklı sorunlarından dolayı psikanalizi kullanıyor olmasıydı. Örneğin, Freud'un ruh içindeki babalık otoritesinin kırılganlığı konusundaki duyarlılığı ve çalışmaları, Habsburg Hanedanı'ndaki[3] ataerkil kültürden gelen neslin genellikle liberal anlayışın iktidarda olduğu dönemlerde gerilemesini tetiklemiştir. Buna ek olarak kızlarının iğfali konusuna olan ilgisi, Viyana'daki kadın cinselliğine yönelik tutumların karmaşık olmasından kaynaklanıyordu.

1873'te Freud, Sperl Lisesi'nden mezun oldu ve araştırmalara göre, Goethe'nin doğa hakkındaki bir makalesinden esinlenerek kariyerini tıp olarak belirledi. Viyana Üniversitesi'nde, önde gelen fizyologlardan biri olan ve materyalist,

---

3 Habsburg Hanedanı, Avrupa'nın çeşitli ülkelerini yüzyıllar boyunca yönetmiş bir hanedan. Habsburg veya Avusturya Hanedanı olarak da bilinir. (ç.n.)

antivitalist[4] bilim hakkında çalışmaları bulunan Hermann von Helmholtz ve Ernst von Brücke ile çalıştı. 1882'de, psikiyatrist Theodor Meynert ve iç hastalıkları profesörü Hermann Nothnagel'den eğitim almak için Viyana Genel Hastanesi'ne klinik asistanı olarak girdi. 1885 yılında Freud, nöropatoloji alanına öğretim görevlisi olarak atandı ve beyin sapı hakkında önemli araştırmalar yaptı. Aynı zamanda birkaç yıl boyunca takip ettiği kokainin medikal yararlarına da ilgi duydu. Freud'un arkadaşı Carl Koller'in yaptığı göz ameliyatlarında bazı yararlı sonuçlar bulunmasına rağmen genel sonuç felaketti. Freud'un çalışması, bir başka yakın arkadaşı olan Ernst Fleischl von Marxow'da ölümcül bir bağımlılığa yol açmakla kalmadı, aynı zamanda bir süre tıbbi itibarını zedeledi. Bu bölümde, Freud'un bir bilim adamı olarak sağduyululuğunun sorgulanmasının yanı sıra, insanın ızdırabını gidermek için cesur çözümler denemek onun yaşamı boyunca takip ettiği bir yol oldu.

Freud'un bilimsel eğitimi, kendi bakış açısına göre yaptığı işte önemini korumuştur. "Entwurf einer Psychologie" (Bilimsel Psikoloji Projesi) gibi yazılarında, ruh teorileri için fizyolojik ve materyalist bir temel bulma niyetini açıklamıştır. Burada, günümüz biliminin Freud'a olan borcunu gösteren şekillerde daha organik, filogenetik[5] bir modelle mekanik bir nörofizyolojik model yer alıyordu.

1885'in sonunda Freud, Jean-Martin Charcot'nun rehberliğinde çalıştığı Paris'teki Salpêtrière Kliniği'nde

---

4 Dirimselcilik karşıtı. Dirimselcilik: Yaşayan organizmalarda bulunan bir gücün (yaşam gücü), cansız organizmalarda olmadığını ileri süren ve kökü Aristo'ya kadar dayanan bir teoridir.

5 Biyolojide filogenetik çeşitli organizma grupları (örneğin türler veya topluluklar) arasındaki evrimsel ilişkinin araştırmasıdır. Bu ilişkiler filogeni olarak adlandırılır. (ç.n.)

nöropatoloji çalışmalarına devam etmek için Viyana'dan ayrıldı. Fransa'nın başkentinde geçirdiği on dokuz hafta, kariyerinde bir dönüm noktası oldu. Charcot'nun "histerik" olarak sınıflandırılan hastalarla yaptığı çalışmalar, Freud için psikolojik bozuklukların beyinden ziyade zihinlerde kaynağa sahip olma ihtimalini ortaya koydu. Charcot'nun uzuv felci gibi histerik semptomlar ve hipnotik öneri arasındaki bağlantıyı göstermesi, hastalık etiyolojisinde sinirlerden ziyade zihinsel durumların gücünü temsil ediyordu. Her ne kadar Freud kısa sürede hipnoz inancını bıraksa da Şubat 1886'da devrimci psikolojik yönteminin başlamasıyla birlikte Viyana'ya döndü.

Freud, döndükten birkaç ay sonra ailesi Hamburg ve Heinrich Heine'nin baş hahamlarını içeren, tanınmış bir Yahudi ailesinin kızı Martha Bernays ile evlendi. Martha, gelecekte başlı başına seçkin bir psikanalist olan Anna Freud ile birlikte altı çocuk doğuracaktı. Aile ressamı Ernest Jones'un biyografisinde aksi yer almasına rağmen Freud'un hayatı ve kargaşalı kariyeri boyunca Martha Bernays'in derin bir yere sahip olduğu araştırmacılar tarafından ortaya konmuştur.

Evlendikten kısa bir süre sonra Freud, psikanalizin gelişimindeki rolü hakkında tartışmalı çalışmalar yapan Berlinli Doktor Wilhelm Fliess ile yakın dostluğa başladı. Beraber çalıştıkları on beş yıl boyunca Fliess, Freud'un en cesur fikirleri için paha biçilmez bir muhatap oldu. Freud'un insan biseksüelliğine olan inancı, vücuttaki erotojenik bölgeler ve bebeklerdeki cinsellik hakkındaki düşünceleri çalışma arkadaşı tarafından böylece teşvik edildi.

Paris'ten döndükten sonra Freud'un Dr. Josef Breuer ile gerçekleştirdiği ortaklığın etkisi, çalışmalarına nispeten daha az yansımış bir tartışma başlattı. Freud, nöropsikolojide klinik bir uygulamaya döndü ve Berggasse 19'da kurduğu ofisi neredeyse yarım asır boyunca danışma odası olarak kaldı. Ortaklıkları başlamadan önce -1880'lerin başında- Breuer, çeşitli histerik belirtilerden muzdarip, Anna O. olarak tanınan "Bertha Pappenheim" isimli hastasını tedavi etmişti. Charcot'da olduğu gibi hipnotik öneri kullanmak yerine Breuer, semptomlarının ilk belirtileri hakkında konuşmayı içeren kendi kendine hipnozu kullandı. Breuer'in çalışmasına ve gözlemlerine göre sözelleştirme eylemi, hastasının tutumuyla ilgili bir rahatlamaya sebep oluyordu (daha sonra aldığı ödeneğin kalıcılığı konusunda sorunlar oluşturmasına rağmen çalışmalarına devam etti). İlk zamanlarda deneysel olarak başladığı "konuşma kürü" veya "baca süpürme" tekniğini Breuer, Anna O.'nun tedavisi sürecinde patolojik davranışın kökündeki bastırılmış duygusal tıkanıklığı kaldırmak veya bu tıkanıklığın boşaltılmasını sağlamak için kasti olarak kullandı.

Psikanalitik Teori

Charcot'nun hipnotik yöntemine hâlâ bağlı olan Freud, Breuer'in deneyiminin tam anlamını on yıl sonrasına, serbest katılım tekniğini geliştirdiği zamana kadar tam anlamıyla kavrayamadı. Alman Yahudi yazar Ludwig Börne tarafından bir asır önce tanıtılan otomatik yazı[6] tekniğini Freud, diğer histeri hastalarıyla yaptığı çalışmaları

---

6 Otomatik yazma veya psikografi, kişinin bilinçli bir şekilde yazmadan yazılı kelimeler üretmesini sağlayan psişik bir yetenektir. Sözler bilinçaltı, manevi veya doğaüstü bir kaynaktan ortaya çıkar.

içeren kendi klinik deneyiminin bir sonucu olarak kullandı. Bu devrimci yöntem, Freud'un 1895 yılında Breuer ile ortaklaşa yayımladığı *Studien über Hysterie (Histeri Üzerine Çalışmalar)* eserinde açıklandı. Hastayı, zihinle ilişkili rastgele düşünceleri ifade etmeye teşvik eden teknik, uzun zamandır devam eden bir gelenekti; Freud bu geleneği izleyerek psişik âleminden eklemlenmemiş bilinçsiz malzemeyi açığa çıkarmayı amaçlamaktadır. Bilinçli düşüncelerle uyumsuzluğu veya diğer bilinçsiz olanlarla çatışması nedeniyle, bu materyal normal olarak bilinçli yansıma içine gizlenmiş, unutulmuş veya kullanılamıyordu. Serbest bir şekilde ilişkide bulunmadaki zorluk -ani sessizlikler, kekemelikler veya benzerleri- ifadesi zor malzemenin öneminin yanı sıra, hastanın bu ifadeye karşı savunması dediği çalışmasının gücünü Freud'a gösterdi. Bu tür tıkanmaları Freud, gizli çatışmaları ortaya çıkarmak için yıkılması gereken direniş olarak nitelendirdi. Charcot ve Breuer'in aksine Freud, kadın histerikleri konusundaki klinik deneyimlerine dayanarak en ısrarlı dirençli malzeme kaynağının, cinsel doğada ve daha da önemlisi, nevrotik semptomların etiyolojisini cinsel duygu ya da dürtüyle buna karşı psişik savunma arasındaki aynı mücadeleyle ilişkilendirdi. Bu çatışmayı ortaya çıkarabilmek için bilincin, serbest katılım yoluyla sonuçlara karşı çıkması çok önemli bir adımdı ve rahatlama yolundaki belirtilerin en iyi istek ve savunma arasında isteksiz bir uzlaşma oluşumu olarak anlaşıldı.

Ekran Anılar[7]

Bununla birlikte Freud, psişenin bu dinamik anlayışındaki cinsel bileşenin kesin durumundan emin değildi. Hastaları, genellikle "doğal ensest" olarak adlandırılabilecek gerçek baştan çıkarma deneyimlerini hatırlıyor gibiydi. Freud'un ilk bulgusu, bunları olduğu gibi kabul etmekti. Fakat daha sonra, 2 Eylül 1897 tarihli ünlü mektubunda Fliess'e[8] açıkladığı gibi, gerçek olaylara ait hatıralar yerine bu şok edici hatıraların, çocukça dürtülerin ve bir yetişkin tarafından baştan çıkarılmak istemesinin kalıntıları olduğu sonucuna varmıştır. Hatırlanan şey, gerçek bir hafıza değil, daha sonra ilkel bir isteği gizleyen bir ekran hafızası ya da fanteziydi. Diğer bir deyişle yetişkinlerin nevroz etiyolojisindeki yozlaştırıcı etkisini vurgulamak yerine Freud, çocukluk fantezilerinin ve özlemlerinin daha sonraki çatışmaların temelinde olduğu sonucuna varmıştır.

Psikanalizin ilerleyen dönemlerindeki gelişiminde, özündeki mutlak merkez değişmemiştir. Çocuklara cinsellik atfederken fantezilerin nedensel gücünü ve bastırılmış arzuların önemini vurgulamak için Freud, Breuer'le ortaklığının dağılmasından kısa bir süre sonra bireyin kendi ruhuna epik bir yolculuk olarak adlandırdığı çalışmaların temelini attı.

Freud'un histeriyle ilgili çalışması kadın cinselliğine ve bunun nevrotik ifade potansiyeline odaklandı. 1896'da, bir Freud terimi olarak belirtilen psikanalizin tamamen evrensel olması için aynı zamanda erkek ruhunu normallik

---

7 İngilizceden çevrilmiştir; ekran hafızası, çocukluktan kaynaklanan, genellikle sözel olmaktan ziyade görsel olan çarpık hafızadır. Terim Sigmund Freud tarafından icat edilmiştir. (ç.n.)
8 Beşinci dipnota bakınız.

denebilecek bir koşulda da incelemeliydi. Bir psikoterapiden daha fazlası olmalı ve zihnin tam bir teorisine dönüşmeliydi. Bu amaçla Freud, kendi tecrübelerinden yola çıkıp genelleştirme yaparak çalışmalarını devam ettirme riskini aldı. Önemli ölçüde kabul edilebilir ki Freud'un "kendini analiz" hareketi tarihte ortaya çıkan hem ilk hem son haretti, böylece gelecekteki tüm analistler "öz analiz" ilkelerinde Freud'un bulgularını izlemek üzere analiz eğitiminden geçmek zorunda kaldılar.

Freud'un kendini keşfi, hayatındaki üzücü bir olayda kendini gösterdi. 1896 Ekim'inde Jacob Freud, seksen birinci doğum gününden kısa bir süre önce öldü. Böylece Freud'da, uzun zamandır bastırılmış olduğunu anladığı ilk aile deneyimleriyle ilgili duygular ortaya çıktı. 1897 temmuzunda kesin bir şekilde Freud, yıllardır kullanılan bir tekniği, "hayallerin deşifre edilmesi"ni kullanarak yaşadıklarının anlamlarını ortaya koymaya çalıştı. Freud'un rüya analizi geleneğine olan katkısı, bilinç dışı bir bilginin asil yol olduğu konusundaki ısrarıydı ki bu ısrar, hayallerin neden ortaya çıktığını ve nasıl işlediğini dikkate değer bir biçimde, ayrıntılı olarak açıkladı.

Rüyaların Yorumlanması

Birçok yorumcu, Freud'un çalışmalarından elde ettiği bulguları sunduğu *Die Traumdeutung*[9] (*Rüyaların Yorumu*) eserini 1899'da, yeni bir yüzyılın şafağında çığır açan ustalık eseri olarak ele alır. Klinik uygulamasında anlatılanlardan elde ettiği kanıtlarla kendi rüyalarının kanıtlarını

---

9 *Rüyaların Yorumu*, Avusturyalı nörolog Sigmund Freud'un en ünlü çalışmalarından biridir. Aslında 1899'da yayımlanan kitap, yayınevi tarafından 1900 tarihiyle basılmıştır. (ç.n.)

serpiştiren Freud, rüyaların psişik ortamda temel bir rol oynadığını iddia etti. Freud'un yalnızca cinsel dürtü olarak değil, tüm duyu ve duygularda temel dürtü olarak ele aldığı libido; zihnin enerjisi, aşırı ve rahatsız edici bir güce sahip akışkan ve alt edilebilirdi. Zevk sağlamak ve acıyı önlemek için dışarı çıkmasına ihtiyaç duyduğunda, bulabileceği her türlü çıkışı aradı. Doğrudan motor eylemler tarafından sağlanan memnuniyet hissinin çıkışı reddedilirse, libidinal enerji zihinsel kanallardan serbest bırakılmasını isteyebilir veya *Rüyaların Yorumu* dilinde bu, hayalî bir dileğin yerine getirilmesiyle ortaya çıkar. Freud, tüm rüyalarda, bariz kaygıyı gösteren kâbuslarda bile bu tür isteklerin yerine getirildiğini iddia etmiştir.

Daha doğrusu rüyalar, isteklerin yerine getirilmesinin gizli ifadesidir. Nevrotik semptomlar gibi, ruh hâlindeki uzlaşmaların gerçekleşmeleriyle çelişen arzular ve yasaklar arasındaki etkileridir. Her ne kadar uyku, zihnin yasaklı arzularının günlük sansürünün gücünü gevşetebilse de bu sansür -yine de- rüya var olduğu sırada kısmen devam eder. Bu nedenle yalnızca çarpıtılmış durumda yaşanan, gerçekte yasaklanmış arzular oldukları için değil, gerçeği anlamak için rüyaları deşifre etmek şarttır. Çünkü rüyalar analistin düzeltmesine ve anlamlandırmasına açıktır.

Rüyaların yorumlanması, Freud'un dediği gibi rüyanın kılık değiştirmesini kavramak veya maskesini çözmek için bir yorumsallık gerektirir. Hatırlanan ve bildirilen rüyanın en belirgin içeriği, gizli bir anlamı örtbas etmek olarak anlaşılmalıdır. Düşler, günlük yaşam deneyiminin kalıntılarını en derin ve çoğu çocuksu dileklerle birleştirdikleri için mantıksal ve anlatısal tutarlılığa meydan okurlar. Yine de hayalî işin dört temel faaliyetine katılarak ve gizemli etkilerini tersine çevirerek çözülebilirler.

Bu faaliyetlerden ilki, yoğuşma, birkaç farklı elementin bir araya toplanmasıyla çalışır. Bu nedenle Freud'un "üstesinden gelme" olarak adlandırdığı psişik hayatın kilit işlemlerinden birini örneklemektedir. Basit bir dışa vurum içeriği bulunur ve çok boyutlu gizli karşılığı arasında doğrudan bir bağlantı bulunmaz. Rüya işçiliğinin ikinci hareketi olan yer değiştirme, rüya düşüncelerinin merkezîleşmesini ifade eder, böylece en acil istek çoğu zaman açıkça ya da marjinal bir şekilde temsil edilir. Yer değiştirme aynı zamanda kişinin kendisini bir işaretleyicinin kimliğinde görmesidir, örneğin bir kişinin babasının kralı olması gibi ki bu birleşiklik anlamına gelir. Üçüncü etkinlik, Freud'un düşünceleri imgelere dönüştürmeyi kastettiği görsel temsil alanıdır. Böylece bir rüyanın kodunun çözülmesi, bu tür görsel temsillerin serbest katılımı yoluyla tekrardan anlaşılabilir bir dile dönüştürülmesi anlamına gelir. Rüya çalışmalarının son işlevi, içeriğini anlatı tutarlılığıyla destekleyerek rüyaya bir düzen ve anlaşılabilirlik sağlayan ikincil gözden geçirmedir. Böylece rüya yorumlama süreci, rüyanın bilinçli olarak yeniden yorumlanması, sansürün ötesinde bilinçaltının kendisine doğru ilerleyerek rüyanın çalışma yönünü tersine çevirir.

Daha İleri Teorik Gelişme

1904'te Freud, üslup ya da yazım hataları bulunan (ilerleyen dönemlerde amiyane tabirle Freudca kayma olarak adlandırılan), yanlış telaffuz ya da isimlerin unutulması gibi görünüşte önemsiz hataların keşfedildiği *Zur*

Psychopathologie des Alltagslebens'i (*Günlük Yaşamın Psiko-patolojisi*) yayımladı. Bu hataların Freud için semptomatik ve dolayısıyla yorumlanabilir bir öneme sahip olduğu anlaşıldı. Ancak hayallerin aksine, bastırılmış bir çocuk isteğinde kötüye kullanım söz konusu değildir; bu bastırılmışlık düşmanca, kıskanç bir şekilde veya egoist sebeplerle de ortaya çıkabilir.

1905'te Freud, *Der Witz und seine Beziehung zum Un-bewussten*'i (*Espriler ve Bilinçdışı İlişkileri*) yayımladı, incelemesinde analizin kapsamını genişletti. "Şaka çalışması" fikrini düş işiyle karşılaştırılabilir bir süreç olarak oluştururken, bir zamanlar bilinçli bir şekilde iç içe geçmiş ve bilinçsizce açığa çıkaran çift taraflı şaka seviyesini de kabul etti. Görünen o ki kaba ve masum şakalar daha açık, eğilimli, müstehcen veya düşmanca şakalar gibi yorumlamaya açıktır. Freud, başarılı mizahın sıklıkla ürettiği etkileyici cevabın gücünü, cinsel yanı dışında agresif, bilinçsiz dürtülerin orgazm boyutuna ulaşmasına borçlu olduğunu söyler. Ancak şakalar düşlerden veya kaymalardan daha kasıtlı olduğu sürece, Freud'un kimlik olarak adlandırabilmesi için egoda psişenin rasyonel boyutuna dayanması gerekir.

1905'te Freud, ilk bakışta onu bir panseksüel[10] anlayışta kahraman olarak öne süren eseri yayımladı: *Drei Ab-handlungen zur Sexualtheorie* (*Eşeysellik Kuramı Üzerine Üç Deneme*), sonraki baskılarda revize edilmiş ve genişletilmiştir. Çalışma, Freud ve Richard von Krafft-Ebing,[11],

---

10 Panseksüellik veya omniseksüellik, "pan" sözcüğünden türetilmiş bir tür cinsel yönelim terimidir. Bu yönelimi olan kişiler her türlü cinse karşı ilgi duyabilmektedir.

11 Richard Freiherr von Krafft-Ebing, Alman psikiyatr ve *Psychopathia Sexualis* (*Cinsel-liğin Psikopatolojisi*) eserinin yazarı.

Havelock Ellis[12], Albert Moll[13] ve Iwan Bloch[14] ile birlikte, cinsellik bilimi üzerine yapılan ciddi araştırmalara öncülük etti. Burada hem normal hem de patolojik davranışın gelişiminde cinsel bileşeni vurgulama nedenlerinden daha önce ayrıntılı bir şekilde ana hatlar belirtilmiştir. Ne var ki popüler olarak düşünüldüğü kadar indirgemeci olsa da, Freud yine de cinsellik kavramını geleneksel kullanımın ötesinde, ilk çocukluk yıllarından itibaren erotik dürtülerin bir kısmını içerecek şekilde genişletti. Cinsel amaçlar (içgüdülerin gayret gösterdiği eylem) ve cinsel nesneler (çekiciliği ortaya çıkaran kişi, organ veya fiziksel varlık) arasında ayrım yaparak, cinsel açıdan yaratılmış şaşırtıcı çeşitlilik davranışının hakkında bir seçki hazırladı. Yaşamın ilk safhalarından başlayarak ısrarcı bir şekilde direktifler veren haz dürtüsünün dikkat çekici bir şekilde estetik olmasına, cinsel gelişimin kolaylaşmasında açık yönü bulunduğuna ve insan yaşamının hareketliliğine dikkat çekti.

Cinsellik ve Gelişme

Cinsel dürtünün biçimlendirici gelişimini açıklamak için Freud, vücuttaki erojen bölgelerin başkaları tarafından aşamalı olarak değiştirilmesine odaklandı. İlk başta çok biçimli bir cinsellik, ilerleyen zamanlarda başka kişilerin yerine geçeceği bir nesne olan annenin göğsünü emmek yoluyla sözsel olarak haz alır. Başlangıçta benlik ve meme arasında ayrım yapamayan bebek, yakında annesini ilk dış aşk nesnesi olarak görmeye başlar. Daha sonra Freud,

---

12 Henry Havelock Ellis, insan cinselliğini inceleyen İngiliz doktor, yazar, ilerici entelektüel ve sosyal reformcu.
13 Albert Moll, Alman psikiyatr. Cinsel doğanın tamamen ayrı iki bölümden oluştuğuna inanıyordu; bunlar cinsel uyarılma ve cinsel çekimdi.
14 Iwan Bloch, Alman dermatolog ve psikiyatr; ilk seksolog olarak tanınır.

o andan önce bile çocuğun kendi bedenine böylesine bir nesne olarak davranabileceğini, ayırt edilemeyen otomatik erotikliğin ötesinde, kendisinin narsist sevgisine karşı çıkabileceğini iddia ederdi. Sözlü evreden sonra, ikinci yıl boyunca çocuğun erotik odağı tuvalet eğitimi konusundaki mücadeleyle uyarılan anüsüne kayar. Anal aşaması sırasında çocuğun dışkıdan duyduğu zevk kendini kontrol etme talepleriyle karşı karşıya kalır. Yaklaşık dört ila altı yıl süren üçüncü aşamaya fallik[15] denir. Freud, erkek cinselliğine gelişme normu olarak dayandığından, bu aşamayı incelemesi özellikle de asıl endişesinin hadım kaygısı olduğunu iddia ettiği için kayda değer bir muhalefet uyandırmıştır.

Freud, bu korkunun ne anlama geldiğini anlamak için, merkezî itirazlarından birini anlamak gerektiğini söyler. Belirtildiği gibi, Freud'un babasının ölümü, kendi ruhuna odaklanmasına yol açan travmaydı. Freud, sadece beklenen kederi tecrübe etmekle kalmadı, aynı zamanda analiz ettiği hayallerde hayal kırıklığı, kınama ve hatta babasına karşı düşmanlık olduğunu da tespit etti. Baştan çıkarma teorisini terk etme sürecinde, öfkenin kaynağını babası tarafından nesnel olarak yapılan herhangi bir şey yerine, kendi ruhu olarak kabul etti. Sık sık yaptığı gibi, edebî ve efsanevi metinlerden elde ettiği kanıtları psikolojik anlayışlarının beklentileri olarak dönüştüren Freud, kaynak olarak Sofokles'in[16] tragedyası *Oedipus Rex*[17] eserini aldı ve bu eser

---

15 Fallik dönem, psikoseksüel gelişim evrelerinin üçüncüsü. Anal dönemin ardından genellikle 3-6 yaş arasında görülür. Bu dönemde çocuklar cinsel organlarına, cinsel farklılıklara ve onların anlamlarına yönelir. Oedipus kompleksi ve iğdişlik korkusunu hissetmeye başlar. Vicdan ve ahlak duygusu gelişir.

16 Sofokles (MÖ 495 - 406), Antik Yunan'ın Eshilos ve Evripides ile beraber üç büyük tragedya yazarlarından biridir.

17 *Kral Oidipus*, Sofokles tarafından yazılan Yunan tragedyası. İlk kez MÖ 428 yılında sahnelenmiştir.

üzerinden yorumladı. Vardığı varsayımın evrensel uygulanabilirliği, her erkek çocuğun annesiyle birlikte olma arzusu ve babasının bu arzunun gerçekleşmesinin önündeki engel olduğu için onu kaldırma isteği bulunmasında yatmaktadır. Daha sonra "Oedipus kompleksi" olarak adlandırdığı şey, çocuğa kritik bir problem sunar, çünkü kökündeki gerçekleştirilemez özlem, baba tarafından gerçekleştirilecek hayalî bir tepki doğurur: kısırlaştırma tehdidi.

Ancak fallik evreye eşlik eden Oeidipus kompleksi hadımlaştırılma kaygısı giderilebildiği takdirde başarıyla üstesinden gelinebilir. Freud'a göre bu karar, çocuğun sonunda anne için cinsel arzusunu bastırması, gecikme dönemine girmesi ve babanın sitemkâr yasağını içselleştirmesi, onu kendi içinde özümsemesi durumunda ortaya çıkabilir. Freud, bunu süperego veya vicdan olarak adlandırmıştır.

Hâlihazırda kısırlaştırılmış olarak nitelendirilen kız çocuğundaki son derece tartışmalı bir penis kıskançlığı varsayımıyla desteklenen bu önyargılı anlayış, daha sonraki psikanalitik teori için sıkıntı yaratmıştır. İlerleyen dönemlerde kadın cinselliği analistlerinin, kızın Oedipal[18] öncesi anneyle olan ilişkilerine, Oedipus kompleksinin mağduriyetlerinden daha fazla önem vermiş olmaları şaşırtıcı değildir. Freud'un kendi zamanının özgül aile dinamiklerini ortadan kaldıracak şekilde onu yeniden tanımlaması mümkün olsa da kompleksin evrenselliğine yönelik antropolojik zorluklar da çalışma açısından zarar verici nitelikteydi. Eğer kültürün yaratılışı, dışsallığa dayanan akrabalık yapılarının kurumu olarak anlaşılıyorsa, Odipal[19] tiyatro, doğal

---

18 Oedipal, Oedipus kompleksinin içerisinde olan kimse. (ç.n.)
19 Odipal eser, Oedipus kompleksi konusunda çıkarım yapabilecek eser, çalışma, makale veya yazı. (ç.n.)

arzuyla kültürel otorite arasındaki daha derin mücadeleyi yansıtmaktadır.

Bununla birlikte Freud, başarılı bir şekilde çözülmesi için genital faz olarak adlandırdığı, olgun cinselliğe geçmenin ön şartı olan Oedipus kompleksinin iç ruhsal (intrapsişik) önemini her zaman korudu. Burada kişinin karşı cinsiyetine sahip ebeveyni, üreme açısından faydalı tutkuya karşılık verebilecek daha uygun bir aşk nesnesinin lehine kesin olarak terk edilmiştir. Kızın durumunda, penisin varlığındaki hayal kırıklığı, annesinin reddedilmesi yerine baba figürü geçmesi şeklinde görülür. Her iki durumda da cinsel olgunluk heteroseksüel, yaratıcı, doğurgan eğimli, genital odaklı davranış anlamına gelir.

Gerçekten de cinsel gelişim, eğer çeşitli aşamalar başarılı bir şekilde incelenmezse bu sonucu engelleyen uygunsuzluklara sebep olur. Cinsel amaçların veya nesnelerin tespiti, gerçek bir travma veya güçlü bir libidinal dürtünün tıkanmasından kaynaklanan herhangi bir anda ortaya çıkabilir. Saplantının (veya bağlanmanın) ileri bir yaşta kendini doğrudan ifade etmesine izin verilirse, sonuç o zaman genellikle sapkınlık olarak adlandırılan duruma yol açar. Bununla birlikte ruhun bir kısmı bu kadar açık ifadeyi yasaklarsa, Freud, bastırılmış ve sansürlenmiş dürtünün nevrotik belirtiler ürettiğini, nevrozun sapkınlıkların olumsuzluğu olarak kavramlaştırıldığını ileri sürmüştür. Nevrotik kişi, istediği eylemi, kökeni veya günümüzde karşı karşıya gelme ve üzerinde çalışabilme yeteneği bilincinde olmadan, bastırılmış biçimde tekrar eder.

Histeri nevrozuna ek olarak duygusal çatışmaların bedensel semptomlara dönüşmesiyle birlikte Freud, obsesif kompulsiyonlar, paranoya ve narsisizm gibi diğer tipik nevrotik davranışlar için karmaşık etiyolojik açıklamalar geliştirmiştir. Şu andaki sorunlara bağlı olarak ortaya çıkan, psikonevrozlar adını vermiş olduğu, gerçek nevrozların aksine (örneğin fiziksel baskılamanın neden olduğu hipokondri, nevrasteni ve anksiyete nevrozu gibi) bunların kökü çocukluk çatışmalarıdır.

Freud, yıllar boyunca terapi tekniğini detaylandırırken, hasta ve analist arasındaki ilişkide belirli bir unsurun etkilerine odaklandı; bu, ilk önce Breuer'in Anna O. ile yaptığı çalışma üzerinden yola çıkıp doğruluğunu keşfetmeye başladığı bir unsurdu. Anna O., doktoru için güçlü cinsel arzusunu açığa vurduğunda, Breuer ile hastası arasındaki yoğun ilişki endişe verici bir hâl aldı. Karşılıklı duyguların heyecanını tanıyan Breuer, bu dürtülere etki etmenin etik olma konusunda, hak verilecek bir kafa karışıklığından dolayı tedaviyi bıraktı. Freud, bu sıkıntılı etkileşimde aktarım olarak adlandırdığı daha yaygın bir fenomenin etkilerini gözlemledi (ya da analistin hastaya olan arzusu, karşı aktarma durumunda olması durumu). Duyguların iz düşümüyle üretilen aktarımın neden olduğu, çocukluk dürtüsünün yeni bir nesne üzerinden tekrar canlandırılması, analitik tedavide bastırılmış duyguları bir araya getirerek ve klinik bir ortamda incelenmelerini sağlayarak transferin günümüzde işe yaraması için gerekli temel araçtır. Başka bir deyişle duyuşsal hatırlama, nevrotik tekrarlamaya karşı panzehir olabilir.

Freud'un ünlü tekniği terapi esnasında hastanın koltukta uzanması, gerçek kişiliğinin mümkün olduğunca az müdahalesiyle hayal edebilmek için özgürlüğünü kazanmasını sağlayan ve aktarımı kolaylaştırmayı hedefleyen bir teknikti. Kısıtlanmış ve tarafsız olan analist, hem erotik hem de agresif olan ilk duyguların yerinden edilmesine yönelik bir ekran olarak işlev görür. Analiste yapılan aktarımın, hastanın ifade ettiği çelişkili duygularla nihai çalışmanın hizmetinde olan bir tür nevrozdur. Bununla birlikte, yalnızca belirli hastalıklar bu tedaviye açıktır, çünkü libidinal enerjiyi dışa yönlendirme kabiliyetini gerektirir. Freud'un sonuçlandırdığı psikozlar, ne yazık ki libidoyu hastanın egoya yeniden yönlendirmesine dayanıyor ve bu nedenle analitik durumdaki aktarımla rahatlatılamıyordu. Aynı zamanda, psikanaliz yönteminin tedavide ne kadar başarılı olduğu hâlâ önemli bir tartışma konusudur.

Her ne kadar Freud'un teorileri, gününün Viyanası'ndaki birçok kişiye aykırı gelse de 1900'lerin başlarında kozmopolit bir destekçi grubunun ilgisini çekmeyi başladı. 1902'de Psikolojik Çarşamba Grubu, Freud'un bekleme odasında, geleceğin psikanalitik hareketlerinde önemli rol oynayacak bir dizi aydınla toplanmaya başladı. Alfred Adler ve Wilhelm Stekel'e Sándor Ferenczi, Carl Gustav Jung, Otto Rank, Ernest Jones, Max Eitingon ve Abraham Brill gibi konuklar katıldı. 1908'de grup, Viyana Psikanalitik Derneği olarak yeniden adlandırıldı ve ilk uluslararası kongresini Salzburg'da düzenledi. Aynı yıl ilk şube topluluğu Berlin'de açıldı. 1909'da Freud, Jung ve Ferenczi ile birlikte Massachusetts, Worcester'daki Clark Üniversitesi'ne tarihî bir gezi yaptı. Orada verdiği dersler, genel izleyici için yazdığı ilk tanıtımlardan biri olan *Über Psychoanalyse* (*Psikanaliz Üzerine*) olarak yayımlandı. En meşhurları "Dora" (1905), "Küçük Hans" (1909), "Sıçan Adam" (1909), "Psikotik Dr. Schreber" (1911) ve "Kurt Adam" (1918) olarak bilinen bir dizi canlı vaka çalışmasıyla birlikte fikirlerini daha geniş bir kitleye tanıttı.

Tedavi olarak aktarımın gücünü ve Oidipal çatışmanın yaygınlaşmasını vurgulayan bir hareketten beklenebileceği gibi ilk zamanlarda ihanet, dışlanma ve inkâr içeren masal olarak lanse edildi. En çok dikkat çeken şemaları 1911'de Adler, 1912'de Stekel ve 1913'de Jung ile gerçekleşti. Bunları 1920'lerde Ferenczi, Rank ve Wilhelm Reich izledi. Ernest Jones gibi sadık uygulayıcıların Freud'u suçlamadan uzaklaştırmak için gösterdiği çabalara rağmen, Viktor Tausk gibi eski uygulayıcılarla ilişkileri hakkında yapılan araştırmalar bu durumu önemli ölçüde gölgeledi. Freud'un aziz gibi lanse edildiği efsaneleri eleştirenler, aslında onun bilimsel nesnelliği konusundaki isteksizliği, fikirlerinin gelişmesi ve yayılması esnasında çalışmalarında kişisel bulguların yer alması bağlamında oluşan gerilimi belgelemekte zorlanmadılar; nispeten kolay eleştiri bulma kaynağı oldu. Freud'un ölümünden sonra bile, takipçileri makalelerinde potansiyel olarak utanç verici malzemelere erişimi sınırlama konusunda ısrarcıydı; bu da psikanalitik hareketin bilimsel bir topluluktan çok, bağnaz bir kiliseye benzediği izlenimi oluşturuyordu.

Genel Bir Teoriye Doğru

Kurucusunun klinik bulgularıyla oldukça iddialı bir genel teori olarak ortaya çıkan psikanaliz, kurumsallaşmasının sıkıntılı tarihi boyunca birçok kez sorgulandı. 1900 yılında Fliess, Freud'un söylediği "Ben, aslında bir bilim adamı değilim... Ben, mizaç gereği bir fatihten ve maceracıdan başkası değilim." sözünün doğruluğunu kabul etti.

Freud'un sözde metapsikolojisi kısa sürede kültürel, sosyal, sanatsal, dinî ve antropolojik olaylarla ilgili geniş çaplı spekülasyonların temeli hâline geldi. Karmaşık ve sıklıkla revize edilmiş ekonomik, dinamik ve topografik unsurların bir karışımından oluşan metapsikoloji, Birinci Dünya Savaşı sırasında Freud'un görüşlerinden oluşan ve sadece bir kısmı öz yaşamını içeren on iki makalede dile getirilmiştir. Genel çalışmalarıysa 1920'lerde iki kitapta derlenmiştir: *Jenseits des Lustprinzips* ve *Das Ich und das* Es. (*Haz İlkesinin Ötesinde Ben ve İd*)

Bu çalışmada Freud, psikolojinin önceki topografik bölümüyle bilinç dışı, bilinç öncesi ve şimdiki bilinç arasındaki ilişkiyi ve ardından id, ego ve süperegoda yapısal sınıflandırmayı açıklamaya çalıştı. İd, bebekte memnuniyet için en ilkel dürtüler, gerilimin serbest bırakılması ve enerjinin kateksisi[20] ile haz alma arzusunun egemen olduğu yönleriyle tanımlandı. Dış gerçekliğin direnciyle sınırlandırılmayan, çaresizlik taleplerine kayıtsız, hiçbir mantık yasasıyla hükmedilemeyen id, Freud'un esas olarak üretilen içgüdüleri doğrudan ifade eden birincil süreç olarak adlandırdığı şey tarafından yönetilir. Kaçınılmaz hayal kırıklığı deneyimiyle bebek kendisini gerçekliğe adapte etmeyi öğrenir. Sonuçta ortaya çıkan ikincil süreç, Freud'un kimliğe hitap eden zevk ilkesine aykırı gerçeklik ilkesi olarak adlandırdığı ego büyümesine yol açar. Burada, kendini korumak için hazzı geciktirme ihtiyacı, yerine getirilmeyen arzuların yarattığı endişeyi engellemek amacıyla yavaşça öğrenilir. Freud'un savunma mekanizmaları

---

20 Kateksis, organizmanın içinde bulunduğu kültürel özelliklere bağlı olarak belli dürtü durumlarıyla belli nesneleri ilişkilendirme eğiliminin öğrenilmesidir.

olarak adlandırdığı şey, bu tür çatışmalarla başa çıkmak için ego tarafından geliştirilmiştir. Baskı en temel olanıdır, ancak Freud, ayrıca reaksiyon oluşumu, izolasyon, geri alma, reddetme, yer değiştirme ve rasyonelleştirme dâhil olmak üzere bir bütünden söz eder.

Freud'un üçlemesinde (süperego) son bileşen, toplumun ahlaki emirlerinin içselleştirilmesinden, Oedipus kompleksinin çözümlenmesi sırasında ebeveyn diktatörlüğüyle özdeşleşerek gelişir. Sadece kısmen bilinçli olan süperego, kimliğinde egoya karşı içe dönük olan ve suçluluk duygusu oluşturan belirli agresif unsurları ödünç alarak cezalandırma gücünün bir kısmını kazanır. Ancak büyük ölçüde, süperegonun oluşturduğu sosyal normların içselleştirilmesi yoluyla, psikanalizin psikolojiyi tamamen biyolojik veya bireyci terimlerle kavramsallaştırmasını engelleyen bir durumdur.

Freud'un ana süreci anlamlandırma şekli, kariyeri boyunca önemli bir değişim geçirdi. Başlangıçta, telosunun[21] hayatta kaldığı bir kendini koruma içgüdüsüne, cinsel zevk arayan libidinal bir yolculuğa karşı çıktı. Fakat 1914'te, narsisizm olgusunu incelerken, ikinci içgüdüyü yalnızca birincisinin bir türevi olarak görmeye başladı. Bu kadar monistik (bireyci)[22] teoriyi kabul edemeyen Freud, yeni bir düalist[23] alternatif aradı. Ruhsal yaşamda kaçınılmaz gerilimi sona erdirmeyi amaçlayan durgunluk için

---

21 Filozoflar tarafından kullanılan, oldukça kısıtlı anlamda bir amaç. Bu, "teleoloji" teriminin kökü, kabaca amaçsızlık çalışması veya amaçlarına göre nesnelerin incelenmesidir.
22 Monistik; monizm: Metafizikte gerçekliğin temeli olarak yalnızca bir temel madde veya ilkenin olduğunu veya gerçekliğin tek bir unsurdan oluştuğunu savunan teorilerden biri, düalizmin karşıtı. (ç.n.)
23 Düalist; düalizm: Felsefe ve din biliminde başta olmak üzere, çeşitli öğretilerden bahsetmek ve bunları tanımlamak için geliştirilen yöntem olarak adlandırılabilir. Bu öğretilerin tamamında iki temel madde (genelde zıt bulunarak) yer alır. (ç.n.)

doğuştan gelen, gerileyen bir hareket olduğu yönündeki spekülatif iddiasını oluşturdu. Nirvana prensibi için dayanak arayan Freud, ölüm içgüdüsünün temelinde yer alan temel duyuyu ya da yaşam içgüdüsünü temsilen Eros'un aksine kendini koruma içgüdüsü olarak koyabileceği Thanatos'u yüceltti.[24]

Sosyal ve Kültürel Çalışmalar

Freud'un olgun içgüdü teorisi, birçok yönden Bergson'u "élan vital[25]" veya Schopenhauer'ın "istenç"[26] kavramıyla karşılaştırılabilir metafizik bir yapıdır. Oluşturduğu formüller karşısında boğulan Freud, kendisini kliniğin danışma odasının çok ötesine götüren bir dizi cesur araştırma başlattı. Bunlar 1907'de Wilhelm Jensen'in romanı *Gradiva* (*Sanrı ve Düş "Gradiva"*) ve 1910'da Leonardo da Vinci hakkında çalışmalar yapmasıyla başlamıştı. Burada Freud, sanat eserlerini, yaratıcılarının psikodinamiğinin sembolik ifadeleri olarak psikanalize etmeye çalıştı.

Freud'un kültürel olayları incelemesine olanak sağlayan temel öncül, üç denemede süblimasyon[27] olarak

---

24 Freud için, yaşam içgüdüsü olarak tanımladığı, Eros'un karşısına yerleştirdiği bir kavram Thanatos.

Thanatos: Yunan mitolojisinde ölüm tanrısı, uyku tanrısı Hypnos'un kardeşi.

Eros: Yunan mitolojisinde aşk, seks ve şehvet tanrısıdır.

Freud'a göre Eros-Thanatos ikileminde sonsuz var olma ve kendini gerçekleştirme itkisi bireyi ölüme sürükleyecektir. Bu süreç ertelense bile ortadan kaldırılması ihtimali zor görünmektedir; çünkü insan Freudyen yaklaşımda "kendinin sahibi" değildir. (ç.n.)

25 Henri Bergson tarafından yaşama coşkusu, yaşam atılımı anlamlarında kullanılmıştır.

26 Arthur Schopenhauer, İstenç Üzerine, Yaşamın Yadsınması. Her istek bir gereksinimden, bir yoksunluktan, bir acıdan doğar, giderildiği zaman insan yatışır. (ç.n.)

27 Süblimasyon, engellenmiş, sosyal açıdan doğru olarak kabul edilmeyen arzu ve isteklerin toplumsal yönden kabul edilebilir kanallara yönlendirilerek tatmin edilmesidir. Örneğin, şiddete meyilli bir kimsenin boks sporuna yönelmesi.

adlandırılmıştır. Freud'un iddia ettiği ideal güzelliğin takdir edilmesi veya yaratılması, kültürel olarak yüceltilen ilkel cinsel dürtülere dayanır. Yalnızca hasta olan kişinin bile açıklayamadığı baskıların sonucunda ortaya çıkan nevrotik semptomlar, içsel olmayan kültürel çalışmalara yol açar, baskılamanın çatışmasız bir çözümüdür. Etkilerinde potansiyel olarak indirgeyici olsa da kültürün psikanalitik yorumu için, Fransız filozof Paul Ricoeur'ün[28] ifadesini ödünç almak uygun olacaktır, "şüphenin yorumlanabilir olması" olarak adlandırılabilir.

Freud, teorilerinin kapsamını, *Totem und Tabu*'da (*Totem ve Tabu*) antropolojik ve sosyal psikolojik spekülasyonları içerecek şekilde genişletti. Sir James Frazer'in Avustralya Aborjinlerini araştırmasından yola çıkarak totem hayvanı için korku ve saygıyı, çocuğun aynı cinsiyetteki ebeveynine karşı tutumu açısından yorumladı. Aborjinlerin dış ekoloji konusundaki ısrarları, karşı cins ebeveyni için çocuğun hissettiği güçlü ensest isteklerine karşı karmaşık bir savunmaydı. Bu nedenle dinleri, modern insanın psişik gelişiminde rol oynayan genlerle aktarılan Oidipal dramanın filogenetik bir beklentisiydi. Ancak ikincisi tamamen fantezilere ve korkulara dayanan intrapsişik[29] bir fenomen iken Freud cesurca bunu gerçek tarihsel olaylara dayandırarak öne sürdü. Freud, oğulların kadınları kontrol altına almak için hâkim olan baba

---

28 Paul Ricoeur, Fransız filozof. Ününü felsefede çok büyük ölçüde rasyonellik öncesi işaret ya da simgeleri içeren anlamı yorumlamaktan oluşan hermeneutik yöntemini özgün bir biçimde geliştirmiş olmaktan alan Ricoeur, rakip kuramlardan uyumlu, sağlam ve yetkin bir sentez oluşturmuştur.

29 İntrapsişik yapı: Bireylerin önemli bakım verenlerle erken deneyimlerinin sonucunda ortaya çıkan beyin temelli bir kodlama özetidir. Bu özet, bireylerin kendilik ve nesne temsillerini, bunlarla bağlantılı duygulanımlarını içerir. (ç.n.)

figürüne karşı isyanının gerçek parricide[30] ile sonuçlandığını belirtti. Nihayetinde pişmanlık yaratan bu şiddetli eylem, ensest tabular ve baba veya baba figürü yerine, totemik nesneye veya hayvana zarar vermeme yasağı yoluyla kefaret ödenebilmesine yol açtı. Parricide sonucunda otoritenin yerini kardeşin veya klana ait ataerkil ordunun almasıyla gerçek toplum ortaya çıktı. Öldürülen figürün yerine geçme konusundaki bireysel isteklerin ve ilk suçta paylaşılan suçluluk duygusunun hiçe sayılması sonucunda, ihanetin mücadelesini sona erdirmek ve bunun yerine bir araya gelmek için sözleşmeye bağlı bir anlaşmaya varılmıştır. Daha sonra totemik ata, büyük dinlerin daha kişisel olmayan tanrısına dönüştü.

Sosyal dayanışmayı açıklamak için yapılan sonraki bir çaba *Massenpsychologie und Ich-analyse* (*Kitle Psikolojisi ve Ego Analizi*), 19. yüzyılın sonlarında, özellikle de Gustave Le Bon'un[31] ve antidemokratik kalabalık ruh bilimcilerinin dikkatini çekti. Burada, bazıları Freud'un çalışmalarının çoğunun özü olarak gördüğü liberal, rasyonel siyasetle ilgili hayal kırıklığına uğradılar (1930'da Woodrow Wilson'ın, William Bullitt ile birlikte hazırladığı psikocoğrafyanın kirli çamaşırlarını açığa çıkaran çalışmaları 1967'de yayımlanana dek Freud'un bu konuda rakibi yoktu). Freud'un incelediği tüm kitle fenomenleri, bireyleri kendi kontrolleri altına alma ve bağımsızlıklarını yoğun duygusal bağlarla ortadan kaldırma çabasında olan karakterlerdir. Hipnotik

---

30 Parricide: Kişinin çoğunlukla babasını, çok yaygın olmamakla birlikte annesini ya da diğer yakın akrabalarını öldürme eylemi veya isteği. Ayrıca kişinin hayatında kabile reisi gibi yönetici pozisyonda olan otoriter kişiyi öldürme eylemi veya isteği olarak da ele alınır.
31 Gustave Le Bon, Fransız sosyolog ve antropolog. Toplum ve kitle psikolojisi üzerine yaptığı çalışmalarla tanınır.

öneri veya taklit gibi olası alternatif açıklamaları reddetmek ve bir grup zihnini öne sürmek için Jung'u takip etmek istemeyen Freud, bunun yerine grup lideriyle bireysel libidinal bağları vurgulamıştır. Grup oluşumu, orijinal baba figürü olarak liderle ilkel bir ordu arasından geçen gerileme ve ilerleme gibidir. Orduyu ve Roma Katolik Kilisesi'ni örnek olarak gösteren Freud, asla bunlardan daha az otoriter kolektif davranış biçimlerini ciddiye almamıştır.

Din, Medeniyet ve Hoşnutsuzluklar

Freud'un sosyal ve politik dayanışma konusundaki kasıtlı değerlendirmesi, biraz daha farklı bir biçimde dine karşı tutumda olduğunu gösterdi. Freud'un gelişim sürecinde -her ne kadar Yahudi geçmişi bir başka yönüyle ayrı olarak ele alınabilecek olsa da- kısmen kabul ettiği dinî mirasına rağmen dinsiz olarak nitelendirildi. *Totem ve Tabu*'da da belirtildiği gibi, her zaman ilahi olanlara olan inancını, yerinden edilmiş insan atalarının kaldırılmış ibadetlerine bağladı. Jung gibi eski takipçileriyle arasında var olan fikrî ayrılığın en güçlü kaynaklarından biri tam da bu maneviyat şüphesiydi.

1907 tarihli makalesinde "Zwangshandlungen und Religionsübungen (Obsesif Davranışlar ve Dinî Uygulamalar)" Freud, obsesif nevrozlarının, özel dinî sistemler ve dinler olduğunu iddia etti. Yirmi yıl sonra, 1927'de ilk kez yayımlanan *Die Zukunft einer Illusion*'da (*Bir Yanılsamanın Geleceği*), bu tartışmaya zemin oluşturdu ve Tanrı'ya olan inancının, çocuksu çaresizliğin evrensel durumunun efsanevi bir yeniden üretimi olduğunu ekledi. İdeal baba figürü "Tanrı", her şeye kadir ve varlığın koruyucusu imajıyla çocukça isteklerin iz düşümü hâline geldi. İhtiyatlı bir iyimserlikle eğer çocuklar bağımlılıklarını aşabilirlerse, o zaman insanlık olgunlaşmamış karmaşasını geride bırakmayı umabilir.

Bu analizin altında yatan basit aydınlanma inancı, değişime açık kritik bir yorumu ortaya çıkardı. Fransız romancı Romain Rolland[32] ile mektuplaşmalarında Freud, daha anlaşılmaz bir dinsel duygu kaynağını kabul etti. Bir sonraki spekülatif yorumunu 1930'da yayımlanan *Das Unbehagen in der Kultur* (*Kültürdeki Huzursuzluk*) eserinin açılış bölümünde yer vermiş, Rolland'ın okyanus duygusu olarak adlandırdığı şeye ayırmıştı. Freud bunu, özellikle mistiklerin temel dinî deneyim olarak kutladığı evrenle çözülemez bir birliktelik duygusu olarak nitelendirdi. Freud ilk çalışmalarında, Oedipal öncesi bebeğin annesiyle birlik duygusunun nostalji olduğunu iddia etti. Her ne kadar çocuksu çaresizlikten ortaya çıksa da din, bir dereceye kadar lohusalığın ilk dönemdeki gelişiminden kaynaklanmaktadır. Tekrar gün yüzüne çıkabilecek geride kalan özlemler, otoriter bir babaya göre daha güçlüdür ve bu nedenle Oedipus kompleksini toplu bir çözüm yoluyla çalışmak mümkün olmaz.

Freud'un çene kanseriyle mücadelesinin başlamasından sonra ve Avrupa faşizminin yükselişinin ortasında yazdığı *Das Unbehagen in der Kultur* (*Kültürdeki Huzursuzluk*), derin ama yalın dile sahip bir kitaptı. İnsan suçluluğunun yaygınlığına ve işsiz kalarak mutluluğu elde etmenin imkânsızlığına odaklanan Freud, insanlığın

---

32 Romain Rolland, Fransız yazar. İlk kitabını 1902'de, otuz altı yaşında yayımladı. 13 yıl sonra, 1915'te edebiyat dalında Nobel Ödülü'ne layık görüldü.

hoşnutsuzluklarının sosyal bir çözümünün mümkün olmadığını iddia etti. Tüm uygarlıklar, ne kadar iyi planlanmış olursa olsun, yalnızca kısmi bir rahatlama sağlayabilir. Çünkü erkekler arasında saldırganlık, yasalarla düzeltilebilecek olan eşitsiz mülkiyet ilişkilerinden ya da politik adaletsizlikten değil, dışa doğru yönlendirilen öldürme içgüdüsünden kaynaklanmaktadır.

Freud, Eros'un bile uygarlığa tam olarak uymadığını, çünkü iki taraflı dayanışma oluşturan libidal bağların doğrudan cinsel ilişki yerine hedefleri engellediğini ve yayıldığını öne sürer. Bu nedenle, cinsel memnuniyet arzusuyla yüceltilmiş insanlık sevgisi arasında gerilim olması muhtemeldir. Ayrıca, Eros ve Thanatos'un oluşturduğu çatışma ve onun neden olduğu suçluluk neredeyse kaçınılmazdır. Umut edilmesi gereken en iyimser durum; baskıcı medeniyet yükünün, içgüdüsel memnuniyetin ve insanlık için yüceltilmiş sevginin gerçekleşmesiyle zor ve sert bir dengede olduğu bir yaşamdır. Ancak, doğanın ve kültürün uzlaştırılması imkânsızdır, çünkü herhangi bir medeniyetin değeri, insanın içgüdüsel dürtülerinin gerekli bir şekilde engellenmesiyle ortaya çıkan suçluluktur. Her ne kadar olgun, heteroseksüel[33] cinsellik sağlıklı olarak gösterilip, üretken çalışma kapasitesi öne sürülse de "Kimliğin olduğu yerde ego olacak." diye ısrar eden Freud, dayatmaların oluşturduğu hoşnutsuzluklardan herhangi bir toplu rahatlama umudunun ortaya çıkmayacağının açık olduğunu savundu. Medeniyet tanımı için sadece dindar ya da laik olmakta kurtuluş imkânı

---

33 Heteroseksüel veya karşıcinsellik, cinsel ya da duygusal açıdan karşı cinse ilgi duyma durumudur. Cinsel açıdan kadınlara ilgi duyan erkeklere ve erkeklere ilgi duyan kadınlara heteroseksüel denir.

gözetmeyen, yaşama bilgeliğini öğreten, istifade edilmeye açık orijinallik etiğini sundu.

Son Günler

Freud'un son temel çalışması olan, 1938'de yayımlanan *Der Mann Moses und die monotheistische Religion* (*Hz. Musa ve Tektanrıcılık*), başlangıçta yazmayı düşündüğü "tarihî roman"dan çok daha fazlasıydı. Musa, Freud için uzun zamandır büyük bir öneme sahipti; aslında Michelangelo'nun ünlü Musa heykeli, 1914'te yazmış olduğu bir makalenin konusu olmuştu. Freud, kitapta Musa'nın kökenlerinin gizemini çözmeye çalışır. Doğuştan aristokrat Mısırlı olduğu iddia edilen Musa daha sonra tek tanrılı dine sahip Yahudiler tarafından yönetici olarak seçilmiştir. Freud'a göre yönetim kademesinde başta olmayı ve sert bir otoriteyi talep eden Musa, Musevi isyanında katledilmiş ve yerine yine Musa olarak adlandırılan, daha esnek bir lider geçirilmiştir. Ancak, parricidal eylem tarafından işlenen öldürme eylemindeki suçluluk ağır gelmiş ve sonuçta Yahudiler arasından iki kişi anılarında yer alan bilgileri bir araya getirerek, orijinal Musa tarafından verilen dine geri dönmüştür. Burada Freud'un dinî kökleri ve babasının otoritesi konusundaki belirsiz duyguları, yazarın gerçekten farklı, oldukça hayalî bir hikâyeyi anlatmasına olanak sağlar.

Hz. Musa ve Tektanrıcılık, Hitler'in Avusturya'yı işgal ettiği yılda yayımlandı ve Freud İngiltere'ye kaçmak zorunda kaldı. Onun kitapları, Naziler Almanya'yı devraldığında "Yahudi biliminin ürünleri" olarak yakılan ilk kitaplar arasındaydı. Nazi yönetiminde psikoterapi yasaklanmadı. Marshall Hermann Göring'in[34] kuzeni tarafından yönetilen resmî bir psikanaliz enstitüsü olmasına rağmen gelişim ve ilerlemesi burada olmadı. Psikanaliz özellikle Kuzey Amerika ve İngiltere'ye sürgün edilen bilim insanları tarafından sürdürüldü. Freud, II. Dünya Savaşı'nın başlamasından sadece birkaç hafta sonra, medeniyet sahnesinin arkasına gizlenen gerçeklik dışı fikirler konusundaki en kötü korkusunun gerçekleştiği zamanda öldü. Ancak Freud'un ölümü, fikirlerinin kabul edilmesini ve yayılmasını engellemedi. Freudyen okulların çoğu farklı yönlerde psikanalizi geliştirmek için ortaya çıktı. Aslında, neredeyse bütün fikirlerine karşı amansız ve çoğu zaman zorlayıcı engellere rağmen Freud, 20. yüzyılın entelektüel peyzajında en güçlü figürlerden biri olarak kaldı.

Martin Evan Jay, *Britannica Ansiklopedisi*

---

34 Hermann Göring, Nazi Partisi'nin lideri ve Almanya'daki Nazi polis devletinin önde gelen mimarlarından biridir. 1946'da Nürnberg'deki Uluslararası Askerî Mahkeme tarafından bir savaş suçlusu olarak asılmaya mahkûm edildi; ancak bunun yerine zehir aldı ve infaz emrinin verildiği gece öldü.

UYGARLIĞIN HUZURSUZLUĞU

I

İnsanların genellikle normlar üzerinde yanlış ölçümleme yaptıkları, kendileri için gücün, başarının ve maddiyatın çarelerini arayıp başkalarında mevcut olanlara gıpta ederken yaşamın gerçek değerini göz ardı ettikleri izlenimine kapılmamak imkânsızdır. Bununla birlikte, böylesine genel bir değerlendirme yaparken insanın dünyası ve ruhsal yaşamının nasıl çeşitlilik gösterdiğini unutma tehlikesiyle karşı karşıya kalırız. Büyüklükleri çoğunluğun amaç ve ideallerinden tamamen farklı olan nitelik ve başarılara dayanmasına rağmen çağdaşlarının hayranlık duyduğu bazı insanlar vardır. İnsan, bu büyük kişileri yalnızca küçük bir grubun takdir ettiğini, geri kalan çoğunluğun ise onlara hiçbir şekilde aldırış etmediğini varsayma eğilimindedir. Ancak insanların düşünce ve eylemlerinin arasındaki farklılıklar ile dürtülerinin çeşitliliği dolayısıyla işler o kadar basit olmayabilir.

Bu nadir rastlanan büyük insanlardan biri, bana yazdığı mektuplarda kendini dostum olarak adlandırıyor. Kendisine dinî bir yanılsama olarak ele alan *The Future of an Illusion* (Bir Yanılsamanın Geleceği, 1927) isimli küçük kitabımı göndermiştim; o ise yanıtında din hakkındaki yargılarıma tamamen katıldığını ancak dinî duyguların asıl kaynağına yeterince önem vermediğim için üzgün olduğunu belirtti. Kendisi, bu kaynağın belirli bir duyguya dayandığını, birçoklarının bu duyguyu kabul ettiğini ve milyonlarca insanda var olduğunun kabul edilebileceğini savunur. Bu, onun "ebediyet" hissi olarak tanımlayabileceği, tıpkı bir okyanus gibi fazlasıyla büyük, derin ve bağımsız bir duygudur. Ayrıca, bu duygunun kesinkes doğruluğu olan bir durum değil, tamamen kişisel bir olgu olduğunu ekler; bunun kişisel bir ölümsüzlük güvencesiyle ilgisi bulunmaz ancak çeşitli kiliseler ve dinî sistemlerce yakasına yapışılan ve belirli kanallara yöneltilip şüphesiz yine onlar tarafından tüketilen dinî enerjinin kaynağıdır. Ona göre bir insan bütün inanç ve yanılsamaları reddetse bile yalnızca bu "okyanus hissi" dolayısıyla kendini dindar olarak tanımlayabilir.

Bir zamanlar yanılsamanın büyüsünü bir şiir gibi öven saygı duyduğum arkadaşımın bu görüşleri bana pek de ufak sayılamayacak güçlükler çıkarmıştır. Ben kendi içimde bu okyanus hissini bulamıyorum. Duyguları bilimsel olarak ele almak kolay değildir. Duyguların fizyolojik belirtilerini dışarı aktarmayı deneyebiliriz. Bunun mümkün olmadığı durumlarda ise geriye yalnızca bu duyguyla en çok ilintili olan düşünsel içeriğe başvurmaktan başka yapacak bir şey kalmaz ve korkarım ki okyanus hissi de bu türden bir betimlemeye karşı koyacaktır. Eğer dostumu doğru anladıysam, bahsettiği şey özgün ve biraz garip bir yazarın intiharla karşı karşıya olan kahramanına verdiği teselliyle aynıdır. "Bu dünyadan dışarı çıkamayız." Bu, dış dünya ile bir bütün hâline gelme ve onunla sağlam bir bağ kurma duygusu anlamına gelir. Benim görüşüme göre, bu daha çok entelektüel bir algı doğasındadır; elbette buna bir duygu tonu da eşlik eder ancak diğer herhangi bir düşünme eyleminde de bu ton mevcuttur. Kendi deneyimlerime baktığımda böyle bir duygunun öncelikli olduğunu kabul edemiyorum. Öte yandan bu durum bana diğer insanlarda bu duygunun var olduğunu reddetme hakkı tanımıyor. Buradaki asıl sorun, bu duygunun doğru biçimde yorumlanıp yorumlanmadığı ve bütün dinsel gereksinimlerin kaynak ve kökeni olarak görülüp görülmeyeceğidir.

Bu sorunun çözülmesinde kesinkes etkili olabilecek herhangi bir önerim yok. İnsanın dış dünya ile bağlantısını en başından beri o amaca yönelmiş doğrudan bir duyguyla kurduğu düşüncesi öylesine tuhaf ve psikolojimizin yapısıyla o kadar uyumsuzdur ki, böyle bir duygunun psikanalizsel ve genetik incelemesini yaparak açıklamaya çalışmak mantıklı olacaktır. Burada şöyle bir düşünce dizisiyle karşılaşırız: normalde egomuzdan[1], kendilik duygusundan daha emin olduğumuz hiçbir şey yoktur. Bu ego bize diğer her şeyden belirgin biçimde ayrılmış, bağımsız ve bütün bir şey gibi görünür. Böyle bir görünüşün aldatıcı olduğu, egonun içeriye doğru keskin sınırlar olmadan id[2] olarak tanımladığımız bilinç dışı ruhsal parçaya uzandığı ve id için bir cephe rolü oynadığı ilk olarak psikanalitik araştırmalar sayesinde ortaya çıkmıştır. Söz konusu çalışmaların bize ego ve id arasındaki ilişkiye dair söyleyeceği daha çok fazla şey vardır. Öte yandan ego dışarıya karşı keskin ve net çizgiyi her hâlükârda koruyor gibi görünür. Egonun bunu yapmadığı yalnızca bir durum vardır. Hastalıklı ya da anormal olarak nitelendirilemeyecek fakat kuşkusuz alışılmadık olan bu durumda, yani âşık olma hâlinin doruklarında ego

---

1 Çn: benlik
2 Çn: altbenlik

ve nesne arasındaki sınır eriyip kaybolma tehlikesi altındadır. Âşık bir insan duyularının bütün kanıtlarına rağmen "ben" ve "sen"in bir olduğunu ileri sürer ve buna gerçekmiş gibi yaklaşmaya hazırdır. Fizyolojik yani normal bir işlev tarafından geçici olarak ortadan kaldırılabilen bir şeyin elbette hastalıklı süreçler tarafından da bozulma ihtimali vardır. Patoloji, bize ego ve dış dünya arasındaki sınır çizgilerinin belirsizleştiği veya gerçekten yanlış çekildiği çok sayıda durumu göstermiştir. Bir insanın kendi vücudunun kısımlarının, hatta ruhsal yaşamının kesitlerinin (algıları, düşünceleri ve hisleri) onun egosuna ait değilmiş gibi kendisine yabancı göründüğü; bazen de açıkça kendi egosundan kaynaklanan ve ego tarafından kabullenilmesi gereken şeyleri dış dünyaya atfettiği durumlar vardır. Bu durumda kendi benlik duygumuz da bozulmalara meyillidir ve egonun yani benliğin sınırları durağan değildir.

Daha derinlemesine yapılan bir inceleme bize yetişkindeki ego hissinin çocukluktan beri aynı kalmadığını söyler. Kanıtlanamayacak olsa da büyük bir olasılıkla yapılandırıldığı bir süreçten geçmiş olmalıdır. Meme emen bir bebek henüz egosunu kendisine akan duyuların kaynağı olan dış dünyadan ayıramaz. Bunu yapmayı çeşitli uyarıcılar karşısında ve zaman geçtikçe öğrenir. Bebek daha sonra kendi vücudunun organları olduğunu fark edeceği bazı uyarım kaynaklarının onda her zaman duyum oluştururken, diğer kaynakların -ki bunların arasında en çok arzuladığı anne memesinin- zaman zaman ondan uzaklaştığı ve yalnızca bir yardım çığlığı ile yeniden ortaya çıktığı gerçeğinden fazlasıyla etkilenmiş olmalıdır. Böylece egonun karşısına ilk kez "dışarıda" var olan ve yalnızca özel bir eylemle ortaya çıkan bir nesne gelmiş olur. Egonun genel duyum yığınından ayrılmasını ve "dışarının", bir dış dünyanın tanınmasını teşvik eden bir diğer unsur da sınırsız baskınlığını sürdüren haz ilkesi tarafından ortadan kaldırılması emredilip sıklıkla ortaya çıkan, kaçınılmaz ve çeşitli acı ile hazsızlık duyumlarıdır. Bu gibi hazsızlıkların kaynağı olabilecek her şeyi egodan ayırma, dışarı atma, yabancı ve tehditkâr bir dışarının karşısında saf bir hazcı benlik yaratma şeklinde bir eğilim ortaya çıkar. Bu ilkel hazcı benliğin sınırları deneyim aracılığı ile zorunlu olarak belirlenir. Kişinin haz verdiği için vazgeçmek istemediği şeylerden bazıları ego değil nesnedir; defetmek istediği bazı acıların ise egodan ayrılmaz ve iç kökenli olduğu ortaya çıkar. Kişi bilinçli duyusal etkinlikler ve uygun kas etkinlikleri ile neyin içsel -egoya ait- ve neyin dış dünyaya ait olduğunu anlamak için bir yöntem öğrenir. Böylece kişi daha ilerideki gelişimini yönetecek olan gerçeklik ilkesini tanımak için ilk adımı atmış olur. Bu ayrım, kişinin hissettiği veya tehdidi altında olduğu hazsızlık duyumlarına karşı kendini koruma amacına hizmet eder. Egonun içeriden kaynaklanan belirli hazsızlık uyarımlarını uzaklaştırmak için kullandığı yöntemlerin dışarıdan gelen hazsızlıklara karşı kullandıklarından farklı olmaması önemli patolojik bozuklukların başlangıç noktasıdır.

Egonun kendini dış dünyadan ayırması bu biçimde gerçekleşir. Daha doğru bir şekilde ifade etmek gerekirse ego başlangıçta her şeyi içerir; daha sonra dış dünyayı kendisinden ayırır. Dolayısıyla şimdiki egomuz yalnızca fazlasıyla kapsayıcı, çok şeyi içeren ve ego ile çevresindeki dünya arasındaki yakın bağa karşılık gelen bir duygunun küçülmüş bir kalıntısıdır. Bu baştaki benlik duygusunun varlığını birçok insanın ruhsal yaşamında az ya da çok biçimde sürdürdüğünü varsayarsak, bu duygu erişkinlikte sınırları daha keskin çizilen ve dar olan egoyla yan yana var olacaktır. Bu duyguya uygun sınırsız ve evrenle bağlı olmayla ilgili düşünsel içerikler de dostumun okyanus hissini açıkladığı düşüncelerle aynı olacaktır.

Peki, başlangıçta orada olanın daha sonra ondan türeyen şeyin yanında varlığını sürdürdüğünü varsayma hakkına sahip miyiz? Kesinlikle. İster ruhsal alanda ister başka yerde olsun böyle bir durumun herhangi bir tuhaf yanı yoktur. Hayvanlar âlemi için fazlasıyla gelişmiş türlerin en aşağı türlerden geldiği görüşüne sahibiz; aynı zamanda bütün basit türlerin de günümüzde hâlâ varlığını sürdürdüğünü görüyoruz. Büyük kertenkelelerin soyu tükenmiş ve yerlerini memeliler almıştır; ancak onların gerçek bir temsilcisi olan timsahlar bugün hâlâ yaşamaktadır. Bu benzerlik fazla uzak olabilir, ayrıca bugün hayatta olan aşağı türlerin büyük bir kısmının günümüzdeki çok gelişmiş türlerin gerçek ataları olmaması durumuyla da zayıflamaktadır. Ara türler genellikle yok olup gitmiştir ve ancak rekonstrüksiyon yoluyla bilinirler. Öte yandan ruhsal alanda ise başlangıçta olanın, ondan kaynaklanıp değişim geçiren biçimiyle yan yana bulunması öylesine sık görülür ki bunu örnekler vererek kanıtlamak gereksizdir. Bu genellikle gelişimdeki bir ayrımın sonucunda gerçekleşir. Bir davranışın ya da içgüdüsel bir dürtünün bir bölümü değişmezken, diğer bölümü değişime uğrayıp gelişmiştir.

Bu bizi ruhsal alanda korunmanın genel sorununa götürür. Bu konunun üzerinde henüz fazla durulmamıştır ancak gerekçelerimiz yetersiz olsa dahi dikkatimizi az da olsa bu yöne vermemizi sağlayacak kadar ilgi çekici ve önemlidir. Unutmanın bellek izinin bozulması, yani ortadan kalkması anlamına geldiği ile ilgili yanlış varsayımdan kurtulduğumuzdan beri, ruhsal yaşamda bir kez oluşturulmuş bir şeyin ortadan kaybolamayacağını ve her şeyin bir şekilde korunup uygun koşullar altında (örneğin bir regresyon sonrasında) bir kez daha su yüzüne çıkarılabileceği biçimindeki karşıt görüşü benimseme eğilimindeyiz. Başka bir alandan bir karşılaştırma alarak bu varsayımın ne içerdiğini anlamaya çalışalım. Örnek olarak ebedî şehrin geçmişinden bahsedeceğiz. Tarihçiler bize en eski Roma'nın *Roma Quadrata*, Palatino Tepesi üzerinde çitle çevrilmiş yerleşim alanı olduğunu söylerler. Bunu daha sonra *Septimontium* yani farklı tepelerin üzerine yerleşme dönemi izlemiştir. Bunu Servian Surları ile sınırları çizilen şehir takip etti ve sonra da cumhuriyet ve Sezar dönemlerinin ardından geçirdiği değişimlerle İmparator Aurelian'ın surlarıyla çevrilen bir şehir hâline geldi. Şehrin daha sonra geçtiği değişimlerden daha fazla bahsetmeyeceğiz ancak kendimize, hem tarihsel hem de topografik açıdan fazlasıyla donanımlı bir ziyaretçinin bugünkü Roma'da bu önceki aşamalardan neler bulabileceğini soracağız. Bu kişi küçük hasarlar dışında Aurelian Surları'nın neredeyse hiç değişmediğini görecektir. Bazı yerlerde kazılarak bir kısmı ortaya çıkarılmış Servian Surları'nı görecektir. Eğer yeteri kadar bilgiye, yani günümüz arkeolojisinde yer alanlardan daha fazlasına sahipse, belki bu surların bütün planını ve *Roma Quadrata*'nın bir taslağını şehrin içinde ana hatlarıyla resmedebilir. Bir zamanlar bu alanda bulunan yapılardan geriye kalan bir şey bulamayacaktır çünkü onlar artık yoktur. Cumhuriyet dönemi Roma'sı ile ilgili en mükemmel bilgi bile ona yalnızca bu dönemdeki tapınak ve kamu yapılarının nerede yer aldığını söylemesini sağlayacaktır. Bu yapıların yerini artık harabeler almıştır ancak bunlar yapının kendisine değil yangın veya tahribatların ardından yapılan yenileme-lere aittir. Eski Roma'nın bütün bu kalıntılarının Röne-sans'tan sonraki birkaç yüzyılda gelişen büyük bir kentin karmaşasına karıştığından bahsetmeye gerek yoktur. Şüp-hesiz şehrin toprağının ya da modern binalarının altında bu kalıntıların büyük bir çoğunluğu gömülüdür. Roma gibi tarihî yerlerde geçmişin korunup saklanması bu bi-çimde gerçekleşir.

Şimdi hayalimizde Roma'nın bir yerleşim yeri olduğu-nu değil de benzer şekilde uzun ve zengin bir geçmişe sa-hip ruhsal bir varlık olduğunu, bu varlığın içinde bir kere var olmuş herhangi bir şeyin ortadan kaybolmadığını ve önceki bütün gelişim aşamalarının son aşamanın yanında var olmaya devam ettiğini canlandırarak bir varsayımda bulunalım. Bu, Roma için imparatorların saraylarının ve Septimius Severus'un Septizonium'unun Palatine üzerinde eskisi gibi yükselmesi, Gotların kuşatmasına kadar Sant Angelo Kalesi'nin mazgallarını süsleyen güzel heykellerin hâlâ orada bulunacakları anlamına gelecekti. Tabii dahası da var: Palazzo Caffarelli'nin bulunduğu yerde Palazzo ora-dan kaldırılmak zorunda olmadan Jupiter Capitolinus Ta-pınağı da bulunacaktı; hem de imparatorluk zamanındaki Romalıların gördüğü en son hâliyle değil, Etrüsklerin piş-miş topraktan yaptıkları süslemelerle yerini alacaktı. Şim-di Kolezyum'un bulunduğu yerde Nero'nun yıkılan altın evini de hayranlıkla seyredebilecek, Pantheon'un bulundu-ğu yerde yalnızca Hadrian'dan geriye kalan hâliyle Panthe-on'u değil aynı zamanda Agrippa tarafından inşa edilen ilk yapıyı da bulabilecektik. Aynı alanda Santa Maria Sopra Minerva Kilisesi ve bunun üzerine inşa edilen antik tapı-nağı da bulunacaktı. Şu veya bu manzarayı görebilmek için gözlemcinin muhtemelen yalnızca duruş ya da bakışının yönünü değiştirmesi gerekecekti. Konu akla mantığa sığmayacak ve hatta saçma bir yere gideceğinden bu hayal etme işini daha da ileri götürmeye gerek olmadığı açıktır. Tarihî olay dizisini mekânsal olarak yansıtmak istersek bunu yalnızca uzaydaki bitişiklikle yapabiliriz: aynı uzay iki farklı içeriğe sahip olamaz. Girişimimiz boş ve amaçsız bir oyun gibi görünebilir ancak bunun tek bir açıklaması vardır. Bu girişim bize ruhsal yaşamın özelliklerini resimsel olarak betimlemekten ne kadar uzak olduğumuzu gösterir.

Öte yandan dikkate almamız gereken bir itiraz bulunuyor. Ruhsal geçmiş ile karşılaştırma yapmak için neden bir şehrin geçmişini seçtiğimize dair bir soruyla karşılaşabiliriz. Ruhsal yaşamda geçmişe ait her şeyin korunduğu varsayımı yalnızca ruhsal organın bütünlüğünü koruduğu ve dokularının travma veya yangıyla zarar görmemesi koşuluyla geçerlidir. Ancak bu gibi hastalık nedenleriyle kıyaslanabilecek yıkıcı etkiler, Roma'nınki kadar inişli çıkışlı olmasa da ya da Londra gibi neredeyse hiç düşmanla karşılaşmasa dahi hiçbir şehrin tarihinden eksik olmamıştır. Bir şehrin en barışçıl gelişiminde bile yapıların yıkımı ve yerlerinin değiştirilmesi söz konusudur. Bu sebeple bir şehrin ruhsal bir organizma ile bu şekilde karşılaştırılması başından beri uygun değildir.

Bu itirazı kabul ediyor ve dikkat çekici bir karşıtlık çizme girişimimizden vazgeçerek, insan veya hayvan bedeni gibi daha yakın ilişki içerisindeki bir karşılaştırmaya dönüyoruz. Ancak burada da aynı şeyle karşılaşıyoruz. Gelişimin erken dönemleri hiçbir şekilde korunmamış ve malzeme sağladıkları daha sonraki dönemler ile bütünleşmişlerdir. Yetişkin kişilerde embriyo ile karşılaşılmaz. Çocukluktaki timüs bezi ergenlikten sonra bağ doku ile yer değiştirir ancak kendisi artık burada bulunmaz. Yetişkin bir insanın kemik iliğinde çocukluk çağındaki kemiğin izleri bulunabilir ancak bu kemik artık orada bulunmaz; son hâlini alana kadar uzamış ve kalınlaşmıştır. Buradan anlaşılan, son hâlinin yanında önceki bütün aşamalarının korunduğu tek alanın ruh olduğu ve bu olguyu resimsel bir biçimde betimleyecek bir konumda olmadığımızdır.

Belki de bu varsayımda çok ileri gidiyoruz. Belki de geçmişin ruhsal yaşamda korunabileceği ve zaruri olarak yok olması gerekmediği savı ile yetinmeliyiz. Ruhsal alanda bile eski olan şeylerin, normal işleyişte veya istisnai durumlarda, hiçbir şekilde yeniden geri getirilemeyeceği veya canlandırılamayacağı üzere yok edilmesi, öğütülmesi ya da genel olarak korunmasının belirli olumlu koşullara bağlı olması her zaman mümkündür. Bu mümkündür ancak bu konuda herhangi bir bilgiye sahip değiliz. Yalnızca geçmişin ruhsal yaşamda korunmasının bir istisnadan çok kural olduğu gerçeğine sıkı sıkıya tutunabiliriz.

Böylece okyanus hissinin birçok kişide var olduğunu kabul etmeye tamamen hazır ve bunu benlik duygusunun erken bir aşamasına dayandırma eğiliminde oluruz. Daha sonra karşımıza şöyle bir soru çıkar: Bu duygu dinî ihtiyaçların kaynağı olarak değerlendirilmek için nasıl öne sürülebilir?

Bu iddia bana pek inandırıcı gelmiyor. Nihayetinde bir duygu yalnızca güçlü bir ihtiyacın dışa vurumu olduğunda bir enerji kaynağı olabilir. Dinî ihtiyaçların bebeğin çaresizliğinden ve bunun sebep olduğu baba özleminden türemesi, özellikle bu duygunun yalnızca çocukluk zamanından başlayarak sürmeyip aynı zamanda kaderin üstün gücünün karşısında duyulan korku tarafından sürekli olarak canlı tutulmasından dolayı bana yadsınamaz gibi geliyor. Çocuklukta babanın korumasına duyulan ihtiyaç kadar güçlü başka bir ihtiyaç düşünemiyorum. Böylelikle sınırsız narsisizmin yeniden oluşturulması gibi bir şey için rol oynayacak okyanus hissi dışlanmış olur. Dinsel tutumun kaynağı, çocukluktaki çaresizlik hissine kadar net bir çerçevede izlenebilir. Bunun da arkasında farklı şeyler olabilir ancak şu an için gizemle sarmalanmıştır.

Okyanusa benzeyen duygunun, din ile daha sonradan bağlantı kurduğunu hayal edebilirim. Bu duygunun düşünsel içeriğini oluşturan "evrenle bir olma" olgusu kulağa ilk dinî teselli gibi, egonun dış dünyadan gelen bir tehdit olarak gördüğü tehlikeyi inkâr etmesinin başka bir yolu gibi gelir. Neredeyse soyut olan bu niceliklerle çalışmanın benim için oldukça zor olduğunu bir kez daha itiraf etmeliyim. Sonsuz bilgi açlığının kendisini en sıra dışı deneylere sürüklediği ve sonunda onu ansiklopedik bir bilgiye kavuşturduğu başka bir arkadaşım, yoga sırasında dünyadan uzaklaşarak, dikkati bedensel işlevlere vererek, çeşitli nefes alıp verme yöntemlerini kullanarak kişinin kendi içinde yeni duyuları ve bedeninin farkındalığını hissedebileceğini söyledi. Arkadaşım bu durumu ruhsal durumun uzun zaman önce gizlenen hâline geri çekilme olarak görüyor. Ayrıca bu geri çekilmede birçok mistisizm bilgeliğinin fizyolojik temelinin bulunduğunu söylüyor. Burada ruhsal yaşamın trans ve kendinden geçme gibi gizli kalan değişimleri arasında bağlantı kurmak zor olmayacaktır. Ancak ben Schiller'in dalgıcının sözleriyle haykırmak istiyorum: "Sevinsin burada gül rengi ışıkta nefes alan kişi."

II

Bir Yanılsamanın Geleceği isimli kitabım dinî duygunun en derin kaynaklarından çok, sıradan insanın dininden, yani bir yandan dünyanın bilinmeyenlerini kıskanılacak bir bütünlükle açıklarken, diğer yandan ona dikkatli bir kaderin yaşamını koruyacağının ve uğrayacağı bir hüsranın daha öte bir varoluşta telafi edileceğinin teminatını veren öğreti ve sözler sisteminden ne anladığı üzerineydi. Sıradan bir insan bu kaderi son derece yüceltilmiş bir baba figüründen başka bir şekilde hayal edemez. Yalnızca böyle bir varlık insan evladının ihtiyaçlarını anlayabilir ve onun duaları ile yumuşatılıp pişmanlığını gösteren işaretlerle yatıştırılabilir. Bütün bunlar açıkça öylesine çocuksu ve gerçeklikten uzaktır ki, insanlığa karşı dostane bir tavırda olan bir kimse için ölümlülerin büyük bir kısmının yaşama karşı bu bakış açısının asla üstesinden gelemeyeceğini düşünmek acı vericidir. Günümüzde dinin savunulamaz olduğunu görmesi gereken çok sayıda insanın, onu acınası son çırpınışlarla bir yerinden tutarak savunmaya çalıştığını görmek daha da küçük düşürücüdür. İnsan, inananların arasına karışıp dinin tanrısının yerine kişilik dışı, belirsiz ve soyut ilkeler koyarak onu kurtarabileceklerini sanan bu filozofların arasına karışıp onlara uyarı niteliğindeki şu sözleri söylemek istiyor: Tanrı'nın adını boş yere anmayacaksın! Geçmişte bazı büyük insanlar aynı şekilde davranmış olsalar bile onları örnek olarak gösteremeyiz çünkü neden bunu yapmak zorunda olduklarını biliyoruz.

Sıradan insana ve dinine, yani bu ismi taşıması gereken tek dine geri dönelim. Aklımıza gelen ilk şey büyük şair ve düşünürlerimizden birinin dinin sanat ve bilim ile ilişkisiyle ilgili iyi bilinen sözleridir:

"Wer Wissenschaft und Kunst besitzt, hat auch Religion;

Wer jene beide nicht besitzt, der habe Religion!" [3]

(Hem bilime hem sanata sahip bir kişi, dine de sahiptir; İkisinden de yoksun kişi, dine sahiptir!)

Bu satırlar bir yandan din ve insanlığın iki üstün başarısı ile arasında bir karşıtlık oluştururken, diğer yandan bunların yaşamdaki değerlerini göz önünde bulundurarak birbirlerini temsil edebileceklerini veya birbirlerinin yerini alabileceklerini öne sürer. Sıradan insanı (ne sanata ne bilime sahip kişiyi) dininden mahrum bırakacak olsak, şairin desteğini alamayacağımız açıktır. Şairin sözlerini takdir edebilmek için farklı bir yol seçeceğiz. Bize sunulduğu şekliyle hayat çok zordur; beraberinde çok fazla acı, hayal kırıklığı ve başarılması imkânsız görevler getirir. Zorluğun altından kalkmak için hafifletici önlemler olmadan yapamayız. Theodor Fontane'nin söylediği gibi "yardımcı yapılar" olmadan yapamayız. Belki de böyle üç çeşit önlem vardır: zavallılığımızı hafifletmemizi sağlayacak güçlü sapmalar, bunu azaltacak ikame tatminler ve bizi buna karşı hissizleştirecek sarhoş edici maddeler. Bu türden bir şey gereklidir. Voltaire, *Candide*'in sonunda insanın kendi bahçesini ekip biçmesini tavsiye ederken sapmalardan bahsetmiştir; bilimsel etkinlik de bu türden bir sapmadır.

Sanat tarafından sunulan ikame tatminler, gerçekliğin karşısında yanılsama olmalarına rağmen kurgunun ruhsal yaşamda üstlendiği rol sayesinde ruhsal alanda etkilidirler.

3 Goethe, *Zahme Xeinen* IX.

Sarhoş edici maddeler vücudumuzu etkiler ve onun kimyasını değiştirir. Dinin bu dizi içindeki yerini belirlemek kolay bir iş değildir. Çok daha kapsamlı bakmamız gerekir.

İnsan yaşamının amacı ile ilgili soru sayısız kez sorulmuştur; şimdiye dek tatmin edici bir yanıt bulunamamıştır ve belki de böyle bir şeyin imkânı yoktur. Bu soruyu soranların bazıları, yaşamın amacının olmadığı ortaya çıkarsa onlar için bütün değerini kaybedeceğini de eklemişlerdir. Ancak bu tehdit bir şeyi değiştirmez. Aksine, insanın bu soruyu reddetme hakkı var gibi gelir çünkü kaynağını, örneğini çokça bildiğimiz insan kibrinden alıyor gibi görünür. İnsanlara bir faydası dokunmadığı sürece kimse hayvanların yaşam amacından bahsetmez. Ancak bu da savunulabilir bir görüş değildir çünkü insanların tanımlamak, sınıflandırmak ve incelemek dışında başka bir şey yapamadığı çok sayıda hayvan vardır; ayrıca sayısız hayvan türü, insanlar gözlerini onlara dikemeden yaşayıp soyu tükendiğinden bu kullanımdan bile sıyrılmıştır. Yaşamın amacıyla ilgili soruya yanıt verebilecek tek olgu yine sadece dindir. Bir yaşam amacına sahip olma düşüncesinin dinsel sistem ile uyum sağladığı çıkarımını yapmak yanlış sayılmaz. Bu nedenle insanların davranışlarıyla yaşamlarının amaç ve niyeti için ortaya ne koydukları gibi daha ihtirassız bir soruya döneceğiz. Yaşamdan talep ettikleri ve burada başarmak istedikleri nedir? Bu sorunun cevabı pek de şüpheli değildir. Mutluluğun peşindedirler ve mutlu olup bunu sürdürmek isterler. Bu çabanın iki yanı, bir olumlu bir de olumsuz amacı vardır. Bir yandan acı ve hazsızlığın yokluğunu, diğer yandan güçlü haz duygularının deneyimini amaçlar. Daha dar anlamıyla "mutluluk" kelimesi yalnızca ikincisi ile ilgilidir. İnsanın eylemleri de amaçların bu biçimde ikiye ayrılışıyla benzerlik içerisinde, gerçekleştirmek istediği amaca göre -genellikle ya da özellikle- iki yöne doğru gelişir.

Gördüğümüz üzere yaşamın amacına karar veren şey yalnızca haz ilkesinin düzenidir. Bu ilke en başından beri ruhsal aygıtın işleyişinde etkilidir. İlkenin ne kadar etkili olduğu konusunda herhangi bir şüphe yoktur ancak düzeni bütün dünya, insan ve evren ile uyumsuzdur. Haz ilkesinin tamamının gerçekleştirilmesinin imkânı yoktur; evrenin bütün düzeni buna karşı çıkar. Kişi, "yaratılış" planında insanın "mutlu" olması gerektiği gibi bir amacın bulunmadığını söylemek isteyebilir. Mutluluk olarak adlandırdığımız şey tam olarak yoğun biçimde bastırılmış ihtiyaçların giderilmesidir ve doğası gereği gerçekleşmesi yalnızca ara sıra mümkün olan bir olgudur. Haz ilkesi tarafından arzulanan herhangi bir durumun devamı yalnızca hafif bir hoşnutluk hissi yaratır. Tasarlanışımız gereği yalnızca zıtlıktan yoğun zevk alır, sürmekte olan bir durumun içindeyken neredeyse hiç zevk almayız. Bu yüzden mutlulukla ilgili olanaklarımız zaten bünyemiz tarafından kısıtlanmış olur. Mutsuzluğu yaşamak çok daha kolaydır. Üç zorluk tarafından tehdit ediliriz: ölüp çürümeye mahkûm olan ve uyarı işaretleri olarak acı ile kaygıdan uzak kalamayan kendi bedenimiz, boyumuzu aşan, acımasız ve yıkıcı güçlerle üzerimize gelen dış dünya ve son olarak diğer insanlarla ilişkilerimiz. Son kaynaktan gelen zorluk belki de bizim için diğerlerinden daha çok acı vericidir. Başka yerden kaynaklanan zorluklar kadar kaçınılmaz olmasına rağmen diğerleri ile ilişkilerimizi gereksiz bir bileşen olarak görme eğilimindeyizdir.

İnsanların bu gibi zorluk ihtimallerinin baskısı altında mutluluk istemlerini hafifletmeye alışması şaşırtıcı değildir. Haz ilkesinin kendisi dış dünyanın etkisi altında daha mütevazı bir gerçeklik ilkesine dönüştüğünden, bir insanın yalnızca mutsuzluktan kaçtığı veya zorlukları aştığı için mutlu olduğunu düşünmesi ve acıdan kaçınma görevinin haz almayı arka plana itmesi olağandır. Üzerine düşündüğümüzde bu görevin tamamlanmasının çok çeşitli yollarla mümkün olduğunu görürüz; bu yolların tümü dünyevi bilgeliği öğreten okullar tarafından tavsiye edilmiş ve insanlar tarafından uygulanmıştır. Bütün ihtiyaçların sınırsız olarak tatmin edilmesi kişinin hayatını sürdürmesinin en çekici yolu gibi görünebilir ancak bu durum aslında zevki dikkatin üzerinde tutmak demektir ve kısa süre içerisinde bu yaşam kendi kendini cezalandırır. Hazsızlıktan kaçınmanın asıl amaç olduğu diğer yöntemler, dikkatin üzerinde toplandığı başlıca hazsızlık kaynağına göre farklılık gösterir. Bu yöntemlerin bazıları aşırı bazıları ılımlıdır; bazıları tek yönlüdür ve bazıları da soruna aynı anda birkaç yerden hücum eder. İnsan ilişkilerinden kaynaklanabilecek bir zorluk durumunda alınacak en kolay ya da çabuk önlem gönüllü soyutlanma, kendini diğer insanlardan ayrı tutmadır. Bu şekilde ulaşılabilecek bir mutluluk, pek tabii dinginliğin mutluluğudur. İnsan, korkutucu dış dünyaya karşı kendini savunmak için yalnız başına hareket etmek istiyorsa bunu yalnızca ondan yüz çevirerek yapabilir. Bunun için elbette daha farklı ve iyi bir yol vardır: insan topluluğunun bir üyesi olarak, bilimin yön verdiği bir tekniğin yardımıyla doğaya karşı saldırıya geçmek ve onu insan iradesine bağlı kılmak. Bu durumda insan herkesle birlikte herkesin yararı için çalışır. Ancak acıyı engellemenin en ilginç yöntemleri kendi organizmamızı etkilemeyi amaçlayanlardır. Ne olursa olsun bütün acılar aslında yalnızca birer duyumdur ve onu hissettiğimiz sürece var olur; bunu sadece organizmamızın belirli düzenlenişlerinin sonucunda hissederiz. Bu yöntemlerin içinde en kaba ancak en etkili yol kimyasal (keyif verici) madde kullanımıdır. Kimsenin bu mekanizmayı bütünüyle anladığını düşünmesem de, kanda veya dokularda bulunduklarında bizde doğrudan haz duyumları uyandıran yabancı maddeler bulunur; bunlar aynı zamanda duyarlılığımızı yöneten durumları değiştirip hazsızlık verici uyarımları almamızı engeller. Bu iki etki yalnızca eş zamanlı gerçekleşmeyip birbirleriyle derin bir ilişki içerisinde gibi görünür. Ancak kendi bedenimizin kimyasında da benzer etkiyi yaratan maddeler bulunmalıdır; çünkü en azından patolojik bir durum olan manide herhangi bir keyif verici madde alınmaksızın buna benzer bir sarhoşluk etkisi yaşandığını biliyoruz. Bunun dışında, normal ruhsal yaşamımız artan ya da azalan bir hazsızlık duyarlılığı ile paralel bir biçimde, haz almanın kolay ya da zor olduğu durumlar arasında dalgalanma sergiler. Ruhsal süreçlerin bu toksik yanının şimdiye dek bilimsel bir incelemeye tabi tutulmamış olması son derece üzücüdür. Mutluluk çabasında ve mutsuzluğun uzak tutulmasında sarhoş edici maddelerin etkisine o kadar yüksek bir değer biçilmiştir ki hem bireyler hem de topluluklar bunlara libidolarının ekonomisinde sağlam bir yer vermişlerdir. İnsanlar bu maddelere yalnızca doğrudan haz verdiği için değil, aynı zamanda dış dünyadan bağımsız olma isteğini de büyük oranda karşıladığı için minnettardır. Kişi, bu "efkâr dağıtıcının" yardımıyla her zaman gerçekliğin baskısından kaçınıp kendi dünyasında daha iyi koşullar barındıran duygulara sığınabileceğini bilir. Gayet iyi bilindiği gibi keyif verici maddelerin tam da bu özelliği onların tehlikeli ve zarar verici olmalarına yol açar. Belirli durumlarda ise insanlığın yazgısının iyileştirilmesi için harcanacak büyük bir enerjinin faydasız yere harcanmasından sorumludurlar.

Ancak ruhsal aygıtımızın çetrefilli yapısı birçok farklı etkiye daha imkân verir. İçgüdülerin tatmininin bizim için mutluluk anlamına gelmesi gibi, dış dünyanın ihtiyaçlarımızı gidermeyi reddedip bizi bunlardan mahrum bırakması da tam tersine yoğun bir acıya yol açar. Dolayısıyla insan bu içgüdüsel istekleri etkileyerek acıların bir kısmından kurtulmayı umut edebilir. Acıya karşı savunmanın bu çeşidinde duyusal aparat artık baskı altında değildir; ihtiyaçların içsel kaynaklarına hükmetmeyi hedefler. Bu durumun en aşırı hâli, karşımıza doğu bilgeliğinde öğretildiği ve yoga pratiklerinde olduğu gibi içgüdüleri öldürme biçiminde çıkar. Eğer başarılı olursa, kişi diğer tüm aktivitelerden vazgeçip hayatını gözden çıkarır; dinginliğin mutluluğuna başka bir yoldan yeniden kavuşmuş olur. Hedeflerimizin abartıya kaçmadığı durumlarda ve yalnızca içgüdüsel yaşamımızı kontrol etmeye çalıştığımızda bizler de aynı yolu izleriz. Bu durumda kontrol eden ögeler, kendilerini gerçeklik ilkesine bağımlı kılan daha yüksek ruhsal etkenlerdir. Burada tatmin olma amacından kesinlikle vazgeçilmemiştir; ancak bağımlı kılınan içgüdüler söz konusu olduğunda, tatminsizlik, engellenmeyenlerde olduğu kadar acı verici hissedilmediğinden acıya karşı belirli bir koruma sağlanmış olur. Buna karşılık zevk olasılıklarında inkâr edilemez bir azalma mevcuttur.

Ego tarafından dizginlenmemiş vahşi bir içgüdüsel dürtünün tatmin edilmesinden sağlanan mutluluk duygusu, dizginlenmiş bir içgüdünün doyurulmasıyla sağlanacak olana göre, kıyaslanamayacak biçimde yoğundur. Sapkın içgüdülerin karşı konulmazlığı, hatta belki de genel olarak yasaklananların çekiciliği burada verimli bir açıklamaya kavuşur.

Acıyı savuşturmanın bir diğer yöntemi, ruhsal aygıtımızın izin verdiği ve işlevinin çok fazla esneklik kazandırdığı libido yer değişimlerinin kullanılmasıdır. Buradaki görev, içgüdüsel hedeflerin dış dünyanın engellemeleriyle karşı karşıya gelmeyecek biçimde değiştirilmesidir. İçgüdülerin yüceltilmesi ise burada yardım eder. Kişi, ruhsal ve entelektüel çalışmalardan alacağı hazzı yeteri kadar artırabilirse büyük kazanç elde eder. Bunu başardığında kaderin ona karşı gelmek için yapacağı pek fazla hamle kalmaz. Bir sanatçının düşlemlerine şekil vermesi, bir bilim insanının sorunlara çözüm bulması veya doğruyu keşfetmesi gibi tatminler bir gün kesinlikle metapsikolojik olarak betimleyebileceğimiz özel bir niteliktedir. Şimdilik yalnızca bu tür tatminlerin metaforik olarak daha "ince ve ileri" göründüklerini söyleyebiliriz. Öte yandan yoğunlukları ise, ilkel ve kaba içgüdüsel dürtülerin tatmin edilmesiyle karşılaştırıldığında daha azdır; fiziksel varlığımızı sarsmaz. Bu yöntemin zayıf noktası herkes için geçerli olmayıp yalnızca küçük bir grup insan için geçerliliği bulunmasıdır. Söz konusu yöntem pek yaygın olmayan özel yeteneklerin bulunmasını şart koşar. Ayrıca özel yeteneklere sahip az sayıda insan için bile bu yöntem ne acıya karşı tam bir koruma sağlayabilir ne de kaderin oklarına karşı aşılmaz bir kalkan oluşturabilir. Acının kaynağı insanın kendi vücudu olduğunda ise çoğu zaman boşa gider.[4] Bu yöntem kişinin onayı, içsel yani ruhsal süreçlerde arayarak kendini dış dünyadan bağımsız kılma amacını açıkça göz önüne serse de bir sonraki yöntem bu özellikleri daha güçlü bir biçimde ortaya çıkarır. Burada gerçeklikle olan bağ daha da gevşetilmiştir; doyum, illüzyon olarak kabul edilen ancak gerçeklikle arasındaki farklılığın alınan zevki engellemesine izin verilmeyen illüzyonlardan sağlanır. Bu illüzyonların ortaya çıktığı alan hayal dünyasıdır; gerçeklik hissi gelişmeye başladığında bu alan gerçeklik sınamasının taleplerinden kesinlikle muaf tutulmuş ve yerine getirilmesi zor isteklerin tatmin edilmesi amacıyla bir kenara ayrılmıştır. Bu hayalî tatminlerin arasında ilk sırada yer alan, sanatçı aracılığı ile kendileri yaratıcı olmayan kişilere bile ulaşılabilir kılınan sanat eserlerinden alınan zevktir. Sanatın etkisine açık olan insanlar, haz kaynağı ve yaşamla ilgili teselli için bunun dışında başka hiçbir şeye böylesine değer biçmezler. Yine de sanatın üzerimizde bıraktığı hafif anestezik etki, zorunlu ihtiyaçların baskısından geçici bir süre uzaklaşmadan daha fazlasını sağlayamaz ve gerçek perişanlığı unutturacak kadar

---

4 Kişinin yaşamdaki ilgisinin ne yönde ilerleyeceğini belirleyen bir özel yetenek olmaması durumunda, herkese açık olan sıradan meslekler, Voltaire'in bilgece öğüdünde belirttiği üzere bu yokluğun yerini alabilir. Çalışmanın libido ekonomisindeki önemini kısa bir inceleme çerçevesinde yeteri kadar değerlendirebilmek mümkün değildir. Yaşamın yürütülmesinde çalışma haricinde başka hiçbir teknik bireyi gerçeklikle daha sıkı sarmalayamaz çünkü çalışma ona en azından gerçekliğin toplum içindeki güvenli kısmını sunar. Libidonun narsisist, saldırgan ve hatta erotik bileşenlerinin büyük bir miktarını iş yaşamına ve bununla bağlı insan ilişkileri ile yer değiştirme olanağı, ona toplum içindeki varlığının korunması ve gerekçelendirilmesinden aşağı kalmayan bir değer katar. Eğer mesleki etkinlik alanı özgürce seçilmişse, var olan eğilimleri ya da süregelen veya yapısal olarak güçlendirilmiş içgüdüsel dürtüleri yüceltme yoluyla kullanmaya imkân veriyorsa özel bir doyum sağlar.

Buna rağmen insanlar çalışmayı mutluluğa giden yol olarak değerlendirmez ve diğer doyum ihtimallerinin peşinden koştukları gibi çalışmanın peşinden koşmazlar. İnsanların büyük bir çoğunluğu zorunluluktan doğan stres altında çalışırlar ve onların çalışmaya karşı doğal isteksizlikleri en büyük toplumsal sorunların kaynağında yer alır.

güçlü değildir. Gerçekliği bütün acıların kaynağı ve beraber yaşanması imkânsız olan bir düşman olarak gören, daha kuvvetli ve derinlemesine işleyen bir yöntem daha vardır. Bu yönteme göre kişi herhangi bir şekilde mutlu olmak istiyorsa gerçekle bütün bağlarını kesip atmalıdır. İnzivaya çekilen kişi dünyaya sırtını döner ve onunla hiçbir iletişim kurmaz. Yine de insan bundan daha fazlasını yapabilir; dünyayı yeniden yaratmayı, onun içinde dayanılmaz unsurların elendiği ve yerine kendi arzularıyla uyum içindeki unsurların getirildiği başka bir dünya kurmayı deneyebilir. Ancak mutluluğa giden yola çaresiz bir başkaldırıyla adım atan bir kişinin eline genellikle hiçbir şey geçmeyecektir. Gerçeklik onun için fazla güçlüdür. Bu sanrıyı sürdürürken kendisine yardım edecek kimseyi bulamayan bir çılgına döner. Ancak hepimizin bir noktada tıpkı paranoyaklar gibi davrandığı iddia edilir. Kişi bu şekilde kendisine dünyanın katlanılmaz gelen yanlarını bir arzu inşasıyla düzeltir ve bu sanrıyı gerçekliğin içine salar. Çok sayıda insanın hep birlikte gerçekliği sanrısal bir kalıptan tekrardan geçirerek kesin bir mutluluk elde etme ve acıdan korunma çabası özel bir önem taşır. İnsanlığa ait dinler de bu gibi kitlesel sanrıların arasında yer almalıdır. Elbette bu gibi sanrılardan payını almış kişilerin onu bir sanrı olarak görmediğinden bahsetmeye gerek yoktur.

Burada, insanların mutluluğu elde etme ve acıyı uzakta tutma yöntemlerinin tamamını sıraladığımı düşünmüyorum; ayrıca gereçlerin farklı bir şekilde sıralanmış olabileceğinin de farkındayım. Bir başka yöntemden ise henüz bahsetmedim fakat bunun sebebi unutmuş olmam değil, daha sonra başka bir bağlamda değinecek olmamdır. İnsanın yaşama sanatındaki bu tekniği unutması mümkün mü? Bu teknik tipik özelliklerin fazlasıyla dikkat çekici bir birleşimi olarak göze çarpar. Elbette bu teknik de (en doğru tabirle) özneyi kaderden bağımsız kılmayı amaçlar ve bu doğrultuda tatmini ruhsal süreçlerin içine yerleştirirken daha önce bahsettiğimiz libidonun yer değiştirebilmesinden yararlanır; ancak dış dünyaya sırt çevirmek yerine o dünyaya ait nesnelere tutunur ve mutluluğu nesnelerle olan duygusal ilişkiden sağlar. Yorgun bir teslimiyet olarak adlandırabileceğimiz hazsızlıktan kaçınmakla yetinmeyip bunu geride bırakır ve mutluluğun olumlu biçimde elde edilmesini amaçlayan asıl tutkulu hedefe sıkı sıkıya sarılır. Belki de gerçekten bu hedefe diğer bütün yöntemlerden daha fazla yaklaşır. Elbette her şeyin merkezine sevgiyi koyan, bütün tatmini sevmek ve sevilmekte arayan yaşam biçiminden bahsediyorum. Böyle bir ruhsal tutum hepimize tanıdık gelir. Sevginin dışa vurulduğu biçimlerden biri olan cinsel sevgi, bize fazlasıyla kuvvetli haz duyusu deneyimini yaşatmış ve böylece mutluluk arayışımıza örnek oluşturmuştur. Mutluluğu, onunla ilk karşılaştığımız yolda aramakta ısrar etmekten daha doğal ne olabilir? Bu yaşam tekniğinin zayıf yönü ise apaçık ortadadır; yoksa hiç kimse mutluluğu ararken bu yolu bırakıp başka bir yolu seçmeyi düşünmezdi. Buradaki zayıflık, sevdiğimiz zaman acıya karşı hiç olmadığımız kadar savunmasız oluşumuzdadır. Hiçbir zaman sevdiğimiz nesneyi veya onun sevgisini kaybettiğimizde olduğu kadar çaresizce mutsuz hissetmeyiz. Yine de bunlar mutluluğa giden yolda sevginin desteğini alan yaşama tekniğini ortadan kaldırmaz. Bu konuda söylenecek daha çok şey vardır.

Buradan yola çıkarak, yaşamdaki mutluluğun genellikle duyu ve düşüncelerimize hitap eden güzellikten alınan hazda arandığı gibi ilginç bir durumu değerlendirebiliriz. Bu güzellikler insanların bedensel ve tavırsal özelliklerine, doğal nesne ve manzaraların görünümlerine, sanatsal ve hatta bilimsel eserlere bile ait olabilir. Yaşam amacıyla ilgili takınılan bu estetik tutum, acının tehdidine karşı fazla bir koruma sağlamasa da birçok şeyi telafi edebilir. Güzellikten alınan hazzın kendine özel hafifçe sarhoş edici bir niteliği vardır. Güzelliğin kesin bir faydası veya kültürel olarak mutlak bir zorunluluğu yoktur. Bunlara rağmen medeniyet onsuz yapamaz. Estetik bilimi, güzelin hangi koşullar altında duyumsandığını sorgular fakat güzelliğin kaynağı veya doğası ile ilgili bir açıklama yapamamıştır; her zaman olduğu gibi başarısızlık, içi boş ve çınlayan kelime yığınlarının ardına gizlenmiştir. Ne yazık ki psikanalizin de güzellik hakkında söyleyecek pek fazla şeyi yoktur. Kesin gibi görünen tek şey, güzelliğin cinsel duygu alanından kaynaklanmasıdır. Güzellik sevgisi kendi amacında engellenen dürtülerin mükemmel bir örneğidir. "Güzellik" ve "çekicilik" aslında cinsel nesnenin özellikleridir. Görünüşleri daima uyarıcı olan cinsel organların neredeyse hiçbir zaman güzel olarak değerlendirilmemesinin altı çizilmelidir; güzelliğin niteliği bu organlar yerine belirli ikincil cinsel özelliklere atfediliyor gibidir.

Buradaki eksikliklere rağmen, incelememizi noktalamak amacıyla birkaç düşünceye daha yer verme cesaretinde bulunacağım. Haz ilkesinin mutlu olmamız için dayattığı program uygulanamaz, yine de bunu herhangi bir şekilde gerçekleştirme çabasından vazgeçmemeliyiz hatta zaten vazgeçemeyiz de. Bu yönde çok çeşitli yollar seçilebilir; ya hedefin olumlu yani haz edinme yanına, ya da olumsuz olan hazsızlıktan kaçınma yanına öncelik verilebilir. Bu yolların hiçbiri ile arzu ettiklerimizin tümüne kavuşamayız. Mutluluk, olanaklı olarak kabul ettiğimiz indirgenmiş hâliyle bireyin libidosunun ekonomik bir sorunudur. Bunun için herkeste geçerli olabilecek altın bir kural yoktur. Her insan kendisini mutlu edecek özel yöntemi bizzat arayıp bulmak durumundadır. Çok çeşitli etkenler kişiyi seçimine yönlendirecektir. Buradaki asıl mesele kişinin dış dünyadan ne ölçüde gerçek doyum sağlamayı beklediği, kendini bundan bağımsızlaştırmak için ne kadar çaba gösterdiği ve son olarak dünyayı kendi arzularına uydurmak için kendisini ne kadar güçlü hissettiğidir. Burada kişinin ruhsal yapısı, dış etkenlere göre daha fazla belirleyici olacaktır. Erotik yanı ağır basan bir kişi tercihini ilk olarak diğer insanlarla olan ilişkilerinden yana kullanacaktır. Kendi kendine yetme eğiliminde olan narsisist bir kişi asıl doyumu kendi iç ruhsal süreçlerinde arayacaktır. Eylemden yana olan bir kişi gücünü deneyebileceği dış dünyadan hiç vazgeçmeyecektir. Bu tiplerden ikincisi söz konusu olduğunda, kişinin yeteneklerinin türü ve kendisine olanak sağlayan içgüdüsel yüceltmelerin miktarı ilgisini nereye yönelteceğini belirleyecektir. Aşırıya kaçan her seçim, kişiyi özel olarak seçtiği tek yaşam tekniğinin yetersiz kalmasından kaynaklanabilecek tehlikelerle karşı karşıya getirerek cezalandıracaktır. Tıpkı ticaretle uğraşan temkinli bir insanın bütün sermayesini tek bir işe bağlamaktan kaçınması gibi, belki dünyevi bilgelik de bize tüm tatmini tek bir açıdan sağlamaya çalışmamamızı öğütler. Başarı hiçbir zaman kesin değildir çünkü bu çok fazla etkenin bir araya gelmesine, belki en çok ruhsal yapının işlevini çevreye uydurma ve daha sonra haz sağlama amacıyla onu kendi yararına kullanma yeteneğine bağlıdır. Özellikle doğuştan elverişsiz bir içgüdüsel yapıya sahip olan, libido bileşenlerinin daha ilerideki başarılar için gerekli olan dönüşümünü ve yeniden düzenlenme evrelerini tam anlamıyla tamamlamamış bir kişi dışsal koşullardan mutluluk elde etmeyi zor bulacak, özellikle bu gibi sorunlarla karşılaştığı durumlarda bunu yaşayacaktır. Kişiye en azından alternatif bir tatmin sağlayacak son yaşam tekniği ise nevrotik hastalıklara kaçıştır. Bu kaçış genellikle genç yaşlarda gerçekleştirilir. Mutluluk çabalarının sonuç vermediğini daha sonraki yıllarda fark eden kişiler kronik sarhoşluğun hazzında teselli bulabilir ya da psikozda görüldüğü gibi çaresiz bir isyan girişiminde bulunabilir.

Din, bu seçim ve adaptasyon oyununu kısıtlar çünkü acıdan korunma ve mutluluk edinmede herkese kendi yolunu dayatır. Tekniği, yaşamın değerini düşürmeye ve gerçek dünyanın görünüşünü kuruntulu biçimde saptırmaya dayanır; bunların gerçekleşmesi için zekânın sindirilmiş olması gerekir. Onları ruhsal bir çocuksuluk durumuna zorlama ve kitlesel bir yanılgının içine çekme karşılığında, din birçok insanı nevrozdan kurtarmayı başarır. Ancak bundan fazlasını yapamaz. Önceden bahsettiğimiz gibi insanları mutluluğa götürebilecek birçok yol vardır, buna rağmen hiçbirinin bunu yapacağı kesin değildir. Hatta din bile verdiği sözü tutamaz. Eğer inanan sonunda Tanrı'nın "gizemli emirlerinden" bahsetmek zorunda olduğunu hissederse, içinde bulunduğu acıda son bir teselli imkânı ve haz kaynağı olarak yanına kalan şeyin yalnızca koşulsuz bir boyun eğme olduğunu kabul eder. Eğer bunu yapmaya hazır olsaydı, belki de saptığı dolambaçlı yola hiç girmeyebilirdi.

III

Mutluluk hakkındaki incelememiz şimdiye kadar bize hâlihazırda bilinenlerin dışında bir şey öğretmedi. Buradan, insanların mutlu olmasının neden bu kadar zor olduğu sorusuyla devam etsek bile yeni bir şey öğrenme olasılığımız varmış gibi görünmüyor. Bunun cevabını acımıza neden olan üç kaynağı işaret ederek zaten vermiştik: doğanın üstün gücü, kendi vücudumuzun zayıflığı ve insanların aile, devlet ve toplum içindeki karşılıklı ilişkilerini belirleyen düzenlemelerin yetersizliği. İlk iki unsurla ilgili varacağımız kanı gecikmez; bizi söz konusu acı kaynaklarını kabul etmeye ve kaçınılmaz olana teslim olmaya zorlar. Doğaya hiçbir zaman tam anlamıyla hükmedemeyeceğiz; onun bir parçası olan vücudumuz ise uyum ve başarı için sınırlı kapasitesiyle daima geçici bir yapı olarak kalacaktır. Bunları bilmenin felç edici bir etkisi yoktur; aksine, eylemlerimize yön gösterir. Acıların hepsini olmasa bile bir kısmını ortadan kaldırabilir ve bir kısmını da hafifletebiliriz; binlerce yıllık deneyim bize bunu göstermiştir. Üçüncü acı kaynağı, yani sosyal meseleler ile ilgili düşüncemiz ise farklıdır. Bunu asla kabul etmek istemeyiz; bizim tarafımızdan yapılan düzenlemelerin neden her birimiz için koruma ve fayda sağlamak zorunda olmadığını anlayamayız. Buna rağmen, tam da bu alanda acıyı önleme konusunda ne kadar başarısız olduğumuzu düşündüğümüzde, bunun ardında da hükmedilemeyecek bir doğanın, bu sefer kendi ruhsal yapımızın bir parçası olabileceği konusunda bir şüpheye düşeriz.

Bu olasılığı değerlendirmeye başladığımızda, karşımıza fazlasıyla şaşırtıcı olduğundan bir süre üzerinde durmak isteyeceğimiz bir iddia çıkar. Bu iddia, mutsuzluğumuzdan uygarlık olarak adlandırdığımız şeyi sorumlu tutar; ondan vazgeçip ilkel koşullara dönersek daha mutlu olacağımızı söyler. Ben bu iddiayı şaşırtıcı olarak nitelendiriyorum çünkü -uygarlık kavramını ne şekilde tanımlarsak tanımlayalım- acı kaynaklarından gelen tehditlerin karşısında kendimizi korumaya çalışırken başvurduğumuz her şeyin tam da bu uygarlığın bir parçası olduğu apaçık ortadadır.

Nasıl oldu da bu kadar çok insan uygarlık karşısında bu garip düşmanlık tutumunu benimsedi? Benim düşünceme göre bunun temelini zamanında var olan uygarlıktan dolayı uzunca bir süre devam eden derin bir memnuniyetsizlik attı ve belirli tarihsel olayların da fitili ateşlemesiyle bu temelin üzerinde bir suçlama gelişti. Bu tarihsel olayların sonuncusunu ve sondan bir öncekini bildiğimi düşünüyorum. Bu olaylar zincirini insan türünün tarihi boyunca geriye doğru izleyecek kadar bilgili değilim. Ancak Hristiyanlığın putperestliğe karşı zafer kazanışında da böyle bir uygarlık düşmanlığı etkisi bulunmalıdır. Hristiyan öğretisinin dünyevi yaşama pek değer vermemesinin bununla yakın bir ilişkisi vardır. Sondan bir önceki olay ise, keşif yolculuklarının ilerlemesiyle ilkel insan ve topluluklarla iletişim kurulan süreçte yaşananlardı. Gelenek ve göreneklerinin yanlış anlaşılması ve yetersiz gözlemlenmesinin sonucunda, bu ilkel topluluklar Avrupalılara sade, pek az şeye ihtiyaç duyulan, mutlu ve kendilerinden daha yüksek uygarlık seviyesine sahip ziyaretçileri tarafından elde edilemez bir yaşam sürüyor gibi göründüler. Sonraki deneyimler bu yargıların bir kısmını düzeltti. Gözlemciler çoğu durumda doğanın verimliliği ve temel ihtiyaçların giderilmesiyle ortaya çıkan rahatlığı yanlış bir biçimde karmaşık kültürel taleplerin eksikliğine yormuşlardı. Son olay ise bizim için tanıdıktır; uygar insanın sahip olduğu bir parça mutluluğu da baltalama tehdidinde bulunan nevroz mekanizmasının anlaşılmasıyla ortaya çıkmıştır. İnsanların toplumun kültürel idealleri üzerinden kişiye dayattığı engellemelere dayanamadığında nevrotik oldukları anlaşıldı ve buradan da bu taleplerin azaltılmasının veya ortadan kaldırılmasının mutluluk olanaklarına geri dönüş sağlayabileceği çıkarımı yapıldı.

Bunların yanına bir de hayal kırıklığı etkeni eklenir. Son birkaç nesildir, insanlar doğa bilimlerinde ve bunların teknik uygulamasında inanılmaz ilerleme kaydettiler. Doğa üzerinde daha önce hayal edilmemiş bir hâkimiyet kurdular. Bu ilerlemenin adımları herkesçe bilindiği için hepsini teker teker sıralamaya gerek yoktur. İnsanlar bu başarılardan gurur duyar ve buna hakları vardır. Ancak mekân ve zaman üzerinde yeni elde edilmiş bu gücün, doğanın güçlerine boyun eğdirmenin aslında binlerce yıllık bir özlemin giderilmesi olmasına rağmen yaşamdan bekledikleri haz verici doyum miktarını artırmadığını ve onları daha mutlu etmediğini anlamış gibidirler. Bu durumdan doğaya hükmetmenin insanların mutluluğunun *tek* ön koşulu olmadığı gibi, kültürel çabanın da *tek* hedefi olmadığı sonucunu çıkarmakla yetinmeliyiz; ancak buradan teknik ilerlemenin mutluluğumuz için herhangi bir değer taşımadığı sonucuna varmamalıyız. İnsan şunları sormak isteyebilir: Öyleyse benden yüzlerce kilometre uzakta yaşayan çocuğumun sesini istediğim zaman duyabilmem veya bir arkadaşımın uzun ve zorlu seyahatini tamamladıktan sonra mümkün olduğunca kısa bir sürede bunu öğrenebilmem mutluluk duygumda kesin bir artış yaratmaz mı? Ya da bunlar olumlu bir haz sağlamaz mı? Tıbbın bebek ölümlerini ve annenin doğum sırasında enfekte olma riskini azaltmayı, uygar insanın ortalama yaşam süresini bir hayli uzatmayı başarmış olmasının hiçbir anlamı yok mudur? Fazlasıyla küçümsenen bilimsel ve teknik ilerlemeler çağına borçlu olduğumuz bu gibi nimetlere daha nicesi eklenebilir. Ancak burada karamsar eleştirinin sesi kendini duyurur ve bu tatminlerin çoğunun "ucuz haz" örneğine, soğuk bir kış gecesinde çıplak ayağı yorgandan dışarı çıkarıp yeniden içeri sokmakla elde edilen hazza benzediği konusunda uyarır. Mesafeleri katedecek tren yolları olmasaydı çocuğum kendi şehrini terk etmeyecek ve benim de sesini duymak için telefon etmem gerekmeyecekti. Gemilerle okyanuslar aşılmasaydı arkadaşım deniz yolculuğuna çıkmayacaktı ve ben de endişemi gidermek için bir telgrafa ihtiyaç duymayacaktım. Çocuk sahibi olmak için önümüzdeki en büyük engel tam olarak bebek ölümleriyse ve bunun azaltılmasına rağmen hijyenin olmadığı zamanlardan daha çok çocuk yetiştirmiyorsak, aynı zamanda evlilikteki cinsel yaşamımız için zor bir ortam oluşturduysak ve bir ihtimal doğal seçilimin yararlı etkilerine karşı çıktıysak bebek ölümlerini azaltmanın faydası nedir? Ayrıca neşeden yoksun, zorlu ve kendisinden kurtulmak için yalnızca ölümü beklediğimiz acılar içinde uzun bir yaşamın bize nasıl bir getirisi olabilir?

Görünen o ki içinde bulunduğumuz uygarlıkta kendimizi huzurlu hissetmiyoruz. Yine de önceki çağlarda yaşamış insanların daha mutlu olup olmadıkları ve kültürel koşullarının bunda ne kadar etkili olduğu konusunda bir karara varmak oldukça zordur. İnsanların sıkıntılarını daima tarafsız olarak değerlendirmeye çalışırız. Kendi anlayış ve isteklerimizi onların koşullarında düşünüp daha sonra hangi durumlarda mutlu veya mutsuz olacağımızı sorgularız. Öznel anlayıştaki çeşitlilikleri bir kenara koyduğu için nesnel gibi görünen bu bakış açısı, aslında mümkün olabilecek en öznel bakış açısıdır çünkü hiç bilinmeyen bir ruhsal durumun yerine kendi ruhsal durumumuzu koyar. Mutluluk, temelde öznel bir şeydir. Antik Çağ'daki bir kürek mahkûmunun, Otuz Yıl Savaşları esnasında bir köylünün, bir kutsal engizisyon kurbanının, pogromu bekleyen bir Yahudi'nin durumu gibi belirli durumlardan ne kadar çok korkarsak korkalım, kendimizi onların yerine koyup zihin körelmesinin, beklentilerin sona ermesinin, kaba veya daha ince uyuşturma yöntemlerinin onların haz ve hazsızlığa karşı duyarlılıklarında meydana getirdiği değişiklikleri hissetmemiz imkânsızdır. Dahası, acı çekme ihtimalinin çok fazla arttığı durumlarda ruhu koruyan belirli aygıtlar devreye sokulur. Sorunun bu yanını daha fazla irdelemenin bir yararı olacağını düşünmüyorum.

Artık dikkatimizi mutluluğun bir aracı olarak değerinden şüphe ettiğimiz uygarlığın kaynağına çevirme vakti geldi. İnceleme yaparak bir şeyler öğrenmeden, bu kaynağı birkaç kelimeyle açıklayacak bir formül bulmaya çalışmayacağız. Bu sebeple, "uygarlık" kelimesinin, yaşamımızı hayvan atalarımızınkinden ayıran, insanları doğadan korumak ve karşılıklı ilişkilerini düzenlemek gibi iki amaca hizmet eden kazanım ve sistemler bütününü özetlediğini tekrarlamakla yetineceğiz. Daha fazlasını kavrayabilmek için, uygarlığın özelliklerini tıpkı insan topluluklarında olduğu gibi teker teker ele alıp bir araya getireceğiz. Bunu yaparken, hâlâ soyut kelimelerle ifade edilmek için direnen sezgilerimizin hakkını vereceğimize inanarak dil kullanımının, diğer bir deyişle dil duygusunun bizi yönlendirmesine izin vereceğiz.

İlk aşama bizim için kolaydır. Dünyayı insanlar için elverişli kılan, onları doğanın güçlerinden kaynaklanan şiddete karşı koruyan bütün etkinlik ve uğraşları kültürel olarak kabul ederiz. Uygarlığın bu yanıyla ilgili şüphe duyulacak bir şey bulmak zordur. Yeterince geriye dönüp bakarsak, uygarlığın ilk eylemlerinin alet kullanmak, ateş üzerinde hâkimiyet kurmak ve barınacak yerler inşa etmek olduğunu görürüz. Bunların arasında ateşe hâkim olma oldukça sıra dışı ve eşsiz bir başarı olarak öne çıkarken[5], diğer eylemler insanların o günden sonra izleyecekleri yolların önünü açmıştır. İnsan her bir aletle -hem duyusal hem hareketsel- organlarını mükemmelleştirmeyi ya da onların işlevindeki sınırları kaldırmayı başardı. Motor gücünün kullanımı devasa bir gücü ortaya çıkardı. İnsan tıpkı kendi kasları gibi onları da istediği yönde hareket ettirebilirdi. Gemiler ve uçaklar sayesinde ne hava ne de su onun hareketlerini kısıtlayabildi. Gözlükler ile kendi gözünün merceğindeki bozuklukları düzeltti. Teleskop yardımıyla uzakları görebildi ve mikroskop ile retinasının yapısının

---

5 Tamamlanmamış ve açık bir yorum getirmeye elverişli olmamasına rağmen, elimizdeki psikanalitik malzeme, insanın bu başarısının kaynağı ile ilgili -fantastik gibi görünen- bir tahminde bulunmamıza olanak sağlar. İlkel insanların sanki ateşle karşı karşıya geldiklerinde, onu idrarlarıyla söndürüp onunla bağlantılı çocuksu bir arzuyu doyuma ulaştırma gibi bir alışkanlıkları vardır. Elimizdeki efsaneler, yukarı doğru uzanan alevlerin ilk başta fallik bir bakış açısıyla yorumlandıkları konusunda şüphe bırakmaz. Bu nedenle ateşi işeyerek söndürmek, bir erkekle cinsel ilişkiye girmek, homoseksüel bir çekişme içindeki cinsel güçten zevk almak demekti. Bu arzusundan vazgeçip ateşi koruyan ilk kişi onu kazanmış oldu ve kendi çıkarı için kullanabildi. Kendi cinsel uyarılmasının ateşini söndürerek, ateşin doğal gücünü elverişli hâle getirdi. Böylelikle bu devasa kültürel zafer, içgüdüden vazgeçişin bir ödülü olmuştu. Dahası, anatomisi bu baştan çıkmaya teslim olmasına imkân vermediği için, kadınlar evin içindeki ocakta hapsedilen ateşin başına getirilen bir gardiyan gibiydi. Ayrıca, psikanalitik tecrübelerin hırs, ateş ve üretral erotizm arasındaki bağlantıyı sıkça doğruluyor olması da dikkat çekicidir.

görüşüne getirdiği kısıtlamayı aşabildi. Fotoğraf makinesi ile anlık görüntüleri, gramofon ile yine o anki sesleri yakalayan aletler geliştirdi; bunların ikisi de aslında sahip olduğu bellek ve anımsama gücünün maddeleştirilmesiydi. Telefon ile peri masalında bile ulaşamayacağını düşündüğü kadar uzak mesafelerden haber alabildi. Yazı, aslında orada bulunmayan bir insanın sesiydi; ev ise insanın büyük olasılıkla hâlâ özlem duyduğu ve kendini içinde huzurlu ve güvenli hissettiği anne rahminin bir benzeriydi.

Bunlar, insanın başlangıçta üzerinde çelimsiz bir hayvan olarak belirdiği ve türünün her bir üyesinin tıpkı çaresiz bir bebek gibi (oh inch of nature!)[6] gelişmek zorunda olduğu dünyaya bilimi ve teknolojisi ile getirdikleridir. Bunların tümü yalnızca kulağa peri masalı gibi gelen şeyler değil, peri masalında yer alan dileklerin neredeyse tamamının gerçekleştirilmesidir. İnsan, bunların tümünü kendine ait kültürel kazanımlar olarak nitelendirebilir. Uzun zaman önce her şeyi bilme ve her şeye gücü yetme gibi bir ideal oluşturan insan, bu özellikleri tanrılarında cisimleştirmiştir. Ulaşamayacağını düşündüğü arzularını ya da kendisine yasak olan her şeyi bu tanrılara atfetmiştir. Dolayısıyla, bu tanrıların kültürel idealler oldukları söylenebilir. Bugünse insan bu ideale ulaşmaya çok yakındır, hatta neredeyse kendisi tanrı olmuştur. Elbette bu, yalnızca insanlığın büyük bir kısmının genel yargısına göre ulaşılan ideallerde geçerlidir. Durum tamamen böyle değildir; geçerliliği kimi açıdan kısmiyken kimi açıdan hiç yoktur. İnsan, sanki protezli bir tanrıya dönüşmüş gibidir. Bütün yardımcı organlarını taktığında gerçekten de olağanüstüdür; ancak bu

---

6 Çn: Shakespeare'in *Perikles* oyunundan yapılan bu alıntı, yeni doğan bir bebeğin doğanın içinde ne kadar küçük kaldığını vurgular.

organlar onun bedenine ait değildir ve zaman zaman başına çok büyük dertler açar. Yine de bu gelişimin milattan sonra 1930 yılında sona ermeyeceği düşüncesiyle kendini avutmaya hakkı vardır. Sonraki çağlar uygarlığın bu alanında hayal edilemeyecek kadar büyük ilerlemeler getirecek ve insanın tanrıya benzerliğini daha da artıracaktır. Ancak araştırmamız doğrultusunda, günümüz insanının tanrısal özellikleriyle mutlu hissetmediğini unutmayacağız.

Öyleyse bir ülkenin yüksek bir uygarlık düzeyine ulaştığını, toprağın insanlar tarafından kullanılmasından, insanların doğanın güçlerine karşı korunmasından yani kısacası ona yararlı olabilecek her şeyin etkili bir biçimde kullanılmasından anlarız. Örneğin böyle bir ülkede taşma tehlikesi olan nehirlerin akışı düzenlenir ve sular kanallar aracılığıyla suya ihtiyacı olan bölgelere yönlendirilir. Toprak özenle işlenerek orada yetişebilecek bitkilerle donatılır; yer altındaki madenler çıkarılarak gerekli alet yapımında kullanılmak üzere dönüştürülür. İletişim ve ulaşım araçları yeterli, hızlı ve güvenilirdir. Vahşi ve tehlikeli hayvanlar ortadan kaldırılırken evcil hayvan yetiştiriciliği artar. Ancak biz uygarlıktan bunların dışında şeyler de bekliyoruz ve dikkat çekici bir şekilde bunları aynı ülkelerde görmeyi umut ediyoruz. Başta bahsettiğimiz beklentileri reddetmek istercesine, insanların ilgisini gerçek bir faydası olmayan şeylere de yönelttiğini gördüğümüzde bunu bir uygarlık göstergesi olarak kabul ediyoruz. Buna, bir şehirdeki yeşil alanların ve parkların çiçeklerle donatılması ya da evlerin pencerelerinin çiçek saksılarıyla bezenmesi örnek gösterilebilir. Böylece uygarlığın değer vermesini beklediğimiz bu gereksiz şeyin güzellik olduğunu kolaylıkla anlarız. Uygar insanın doğadaki güzelliği takdir etmesini ve nesnelerde de bu güzelliği kendi becerisiyle yaratmasını isteriz. Ancak uygarlıktan beklentilerimiz elbette bununla sınırlı değildir. Düzen ve temizlik de görmek isteriz. Sheakespeare'in babasının Stratford'daki evininin önünde büyük bir gübre yığını olduğunu okuduğumuzda, o zamanın İngiltere'sine ait bir taşranın kültürel düzeyinin çok yüksek olduğunu düşünmeyiz. Wienerwald'daki yollara kâğıtlar atılıp kirletildiğini gördüğümüzde öfkelenir ve buna "barbarlık" deriz ki bu da uygarlığın tersidir. Herhangi bir pasaklılığı uygarlıkla bağdaştıramayız. Temizlik isteğini insan bedeni üzerinden de sürdürürüz. Güneş Kral'dan nahoş bir koku yayıldığını öğrendiğimizde şaşırır, Isola Bella'da Napolyon'un sabah temizliğini küçücük bir lavaboda yaptığını gördüğümüzde başımızı sallarız. Gerçekten de sabun kullanımının doğrudan bir uygarlık ölçütü sayılmasına şaşırmayız. Aynısı, temizlik gibi yalnızca insanların uğraşlarıyla ilgili olan düzen için de geçerlidir. Ancak temizlik doğadan beklenmezken, düzen konusunda ondan esinlenilmiştir. İnsanın büyük astronomik düzeni gözlemlemesi ona yalnızca düzeni kendi hayatına katması için bir örnek oluşturmamış, aynı zamanda buna nereden başlayacağı konusunda ipuçları da vermiştir. Düzen, bir kere getirilen bir sistemin her şeyin nasıl, nerede ve ne zaman yapılacağına karar veren tekrarlayıcı bir zorunluluktur. Böylelikle kişi benzer durumlarda kararsız kalmaktan kurtarılmış olur. Düzenin sağladığı faydalar tartışılmazdır. İnsanların zaman ve mekândan en iyi şekilde faydalanabilmesini sağlarken, ruhsal güçlerini de korur. Düzenin, insanların etkinliklerinde en başından beri herhangi bir şekilde zorlanmadan yerini almış olmasını beklemeye hakkımız vardır; ancak bunun böyle olmamasına ve insanların uğraşlarında doğuştan kayıtsızlık, düzensizlik ve güvenilmezlik gibi eğilimler sergilemelerine, gökyüzündeki örneklerini takip etmeyi öğrenmeden önce ciddi bir eğitim almaları gerekmesine şaşırabiliriz. Güzellik, temizlik ve düzenin uygarlığın gereksinimleri arasında özel bir yer işgal ettiği ortadadır. Hiç kimse bunların veya daha sonra bahsedeceğimiz ölçütlerin, yaşam için doğanın güçlerine hükmetmek kadar önemli olduğunu iddia etmeyecektir. Ancak yine hiç kimse onları önemsiz görüp arka plana da atmayacaktır. Uygarlığın yalnızca faydalı olan şeyleri kabul etmediği, onun ilgi alanları arasından çıkarmak istemediğimiz güzellik örneğiyle ortaya konmuş oldu. Düzenin yararlı olduğu açıktır. Temizlik söz konusu olduğunda ise, buna sağlık kuralları açısından gereksinim duyduğumuzu göz önünde bulundurmamız gerekir. Hastalıktan korunmanın bilimsel yollarla gerçekleştirilmesinden önce bile, insanların bu ikisinin arasındaki bağlantıya uzak olmadığına kanaat getirebiliriz. Öte yandan yararlılık bütün bu çabayı açıklamaz; işin içinde başka bir şey de olmalıdır.

Uygarlığı, insanı entelektüel, bilimsel ve sanatsal başarılar gibi yüksek zihinsel etkinlikler konusunda teşvik etmesi ve insan yaşamında fikirlere yön verici rol oynamasından daha iyi tanımlayan başka bir özellik yok gibidir. Bu fikirlerin en başında, daha önce başka bir yerde karmaşık yapısına ışık tutmaya çalıştığım dinî sistemler gelir. Bunları felsefi görüşler ve son olarak da insanların idealleri olarak adlandırılabilecek, bireyin, topluluğun ya da bütün insanlığın mükemmelleşmeyle ilgili düşünceleri ve bunların üzerine ekledikleri talepler izler. İnsanın bu yaratıları birbirinden bağımsız değil, aksine iç içedir; böyle olması onları tanımlamayı ve psikolojik kökenini izlemeyi zorlaştırır.

İnsanların bütün etkinliklerinin birbirine karışan faydalı olma ve haz alma amaçlarını güttüğünü varsayarsak, uygarlığın burada bahsettiğimiz dışa vurumları için de aynı şeyin geçerli olduğunu söyleyebiliriz. Tabii bu yalnızca bilimsel ve sanatsal etkinliklerde kolayca görülebilir. Ancak diğer etkinliklerin de insanların, belki de yalnızca küçük bir kesimin duyduğu güçlü ihtiyaçlara cevap verdiği kesindir. Ayrıca belirli bir din, felsefe sistemi veya ideal ile ilgili değer yargılarının bizi yanlış yönlendirmesine izin vermemeliyiz. Bunları ister maneviyatın büyük başarıları olarak, isterse delilik olarak görelim, bulundukları ve özellikle de baskın oldukları yerde yüksek bir uygarlık düzeyine işaret ettiklerini inkâr edemeyiz.

Son olarak uygarlığın başka bir önemli özelliğini inceleyeceğiz. İnsanların birbirleriyle ilişkilerinin, komşu, vatandaş, yardımcı ve başka birinin cinsel nesnesi olarak diğer kişilerle olan sosyal bağlarının nasıl işlediğini ele alacağız. Burada, belirli ideal taleplerden uzak durmak ve genel olarak neyin uygar olduğunu anlamak özellikle zordur. Belki de öncesinde uygarlık unsurunun bu sosyal ilişkileri düzenlemek için ilk olarak sahneye nasıl çıktığını açıklamakla başlayabiliriz. Böyle bir çaba olmasaydı ilişkiler bireylerin keyfî iradesine kalırdı; yani fiziksel anlamda güçlü kişiler ilişkilere kendi içgüdüsel dürtüleriyle ve kendi çıkarlarının doğrultusunda yön verirlerdi. Güçlü kişilerin kendilerinden de güçlü kişilerle karşılaşması bile durumu değiştirmeyecekti. İnsanların bir arada yaşaması yalnızca tek bir bireyden daha güçlü bir çoğunluğun bir araya gelmesi ve tek olan bireyin karşısında bir çoğunluk olarak durmasıyla mümkün olur. Bu çoğunluğun gücü, bireyin "kaba kuvvet" olarak görülen gücünün karşısına "doğru" olarak çıkar.

Bireyin gücünün yerine topluluğun gücünün gelmesi uygarlığa atılan belirgin bir adımdır. Topluluk üyelerinin tatmin olanaklarında kendine bir sınır belirlemesi bu olayın özünü oluşturur; birey ise tatmin olanaklarında sınır tanımaz. Uygarlığın ilk gerekliliği adalettir; yani bir kere belirlenmiş bir hukukun bir daha yalnızca birey için çiğnenmeyeceğinin güvencesidir. Bu durum, böylesine bir hukukun etik değeri hakkında bir yargıda bulunmaz. Kültürel gelişimin bir sonraki aşaması, bu hukukun diğer bireylere ve belki de çok daha fazla sayıda insana şiddetle yaklaşan küçük bir topluluğun -sosyal sınıf, ırk grubu ya da sosyal tabaka- iradesinin ifadesi olmaktan çıkarılması gibi görünür. Elde edilecek sonuç, içgüdülerinden ödün vererek katkıda bulunan, topluluğa dâhil olamayanlar haricindeki herkesi kaba kuvvetten uzak tutacak bir hukuk olmalıdır.

Bireyin özgürlüğü, uygarlığın takdim ettiği bir hediye değildir. Bu özgürlük ortada herhangi bir uygarlık yokken en üst seviyedeydi; yine de bireyin o zamanlar bunu savunacak bir durumu pek olmadığından neredeyse hiçbir değeri yoktu. Uygarlığın gelişimi buna kısıtlamalar getirirken adalet de kimsenin bu kısıtlamaların dışına çıkmamasını talep eder. Topluluk içinde kendini özgürlük arzusu gibi hissettiren şey, var olan bir adaletsizliğe karşı bir başkaldırı olabilir ve böylelikle uygarlığın daha da gelişmesine elverişli bir ortam hazırlayıp onunla uyum sağlayabilir. Diğer yandan bunun kaynağı, insanların asıl kişiliğinin uygarlık tarafından ehlîleştirilmemiş kalıntıları da olabilir ve bu da uygarlığa karşı besledikleri düşmanlığın temelini oluşturabilir. Böylece özgürlük arzusu uygarlığın taleplerinin belirli biçimlerine veya büsbütün uygarlığın kendisine karşı çıkmış olur. İnsanın doğasını bir termitinkine dönüştürebilecek herhangi bir etki varmış gibi görünmüyor. Kişinin, bir grubun iradesi karşısındaki bireysel özgürlüğünü daima savunmak isteyeceğine şüphe yoktur. İnsanlığın çabasının büyükçe bir kısmı, bireyin ve topluluğun kültürel talepleri arasında kendisine mutluluk getirecek uygun bir düzen kurma sorununda yoğunlaşır. Böyle bir düzen, uygarlığın belirli bir yöntemi aracılığıyla kurulabilir mi yoksa iki tarafın bu çatışması uzlaştırılamaz mı şeklindeki sorular insanlığın kaderini etkileyen sorunlardan biridir.

İnsan yaşamının hangi özelliklerinin uygar görülebileceğine karar verirken genelgeçer değerlerle hareket ederek uygarlık hakkında genel bir fikre sahip olduk; yine de kimsenin bilmediği bir şey keşfetmedik. Uygarlığın mükemmelleştirmekle, insanlar için mükemmelliğe giden bir yol olmakla aynı anlama geldiği önyargısına kapılmamaya dikkat ettik. Ancak şimdi karşımıza farklı bir yöne gidebilecek bir bakış açısı çıkıyor. Uygarlığın gelişimi, bize tanıdık gelen bazı yönleriyle birlikte insanların içinden geçtiği ilginç bir süreç gibi görünüyor. Bu süreci, yaşamımızın ekonomik bir görevi olan içgüdüsel eğilimleri tatmin etmeyi değiştirmesiyle tanımlayabiliriz. Bu içgüdülerden bazıları öylesine tüketilir ki, bunların yerini bireyin karakter özelliği olarak tanımladığımız bir şey alır. Böyle bir sürecin en dikkat çekici örneği çocuklardaki anal erotizmde görülür. Çocukların boşaltım fonksiyonuyla, boşaltım organıyla ve dışkıyla olan baştaki ilgisi, büyüme sürecinde tutumluluk, düzenlilik ve temiz olma gibi bildiğimiz birtakım özelliklere dönüşür. Bu özellikler onlarda hoş karşılanıp değerli bulunsa da bir süre sonra yoğunlaşabilir ve önemli derecede baskın hâle gelip anal karakter dediğimiz şeyi ortaya çıkarır. Bunların nasıl olduğunu bilmiyoruz ancak vardığımız sonuçlardan da şüphe etmiyoruz. Yaşamsal gereklilikleri birer zevk kaynağı olarak elverişliliklerinden daha belirgin olmasa da, düzen ve temizliğin uygarlığın önemli gereksinimleri olduklarını anlamış bulunuyoruz. Bu noktada uygarlaşma süreci ile bireyin libido nitelikli gelişiminin arasındaki benzerlik dikkatimizi çeker. Anal erotizm dışındaki diğer içgüdüler, kendi tatminleri için koşulların yerini değiştirmek ve bunları başka kanallara aktarmak için tetiklenirler. Bu süreç çoğu durumda içgüdüsel hedeflerin yüceltilmesiyle çakışıyor olmasına rağmen bazı durumlarda yüceltmeden farklılaşabilir. İçgüdülerin yüceltilmesi kültürel gelişimin fazlasıyla öne çıkan bir özelliğidir; bilimsel, sanatsal, ideolojik etkinlikler gibi yüksek ruhsal ürünlerin medeni yaşamda büyük bir rol oynamasını mümkün kılar. Buradan edinilecek ilk izlenim, yüceltmenin tamamen uygarlık tarafından içgüdülere dayatılan bir değişim olduğudur. Ancak bunun üzerine biraz daha derinlemesine düşünmek akıllıca olacaktır. Üçüncü ve son olarak diğerlerinden daha önemli gibi görünen bir başka nokta, uygarlığın ne boyutta bir içgüdü vazgeçişinin üzerine kurulduğunu ve güçlü içgüdülerin (bastırma, represyon vb. yöntemlerle) ne kadarının tatmin edilmemesini ön koşul olarak saydığını gözden kaçırmanın imkânsız olduğudur. Bu "kültürel bastırılmışlık" insanların sosyal ilişkilerinin büyük bir kısmına yön verir. Aynı zamanda bu durum bilimsel çalışmamızdan ciddi taleplerde bulunur ve bizim de burada söyleyecek çok sözümüz vardır. İçgüdüyü tatminden yoksun bırakmanın nasıl mümkün olduğunu anlamak kolay değildir; bunu tehlikesiz bir biçimde yapmak da öyle. Bu yoksunluğun ekonomik olarak telafi edilmemesi durumunda ortaya ciddi bozuklukların çıkacağından emin olunabilir.

Ancak uygarlığın gelişimini, bireyin normal olgunlaşma süreciyle karşılaştırılabilir olarak ele alan görüşümüzün nasıl bir değer taşıdığını öğrenmek istiyorsak başka bir sorunun üzerine gitmemiz gerektiği açıktır. Burada, kendimize uygarlığın gelişiminin kaynağında ne gibi etkiler bulunduğunu, nasıl ortaya çıktığını ve gidişatının nasıl belirlendiğini sormamız gerekir.

IV

Görev uçsuz bucaksız gibi göründüğünden, ona çekingenlikle yaklaşmak normaldir. Yine de elimden geldiğince birkaç varsayımdan bahsedeceğim. İlk insan dünyadaki kaderini iyileştirmenin tamamen kendi elinde olduğunu anladıktan sonra, onun için başkalarının yanında olması veya karşısında durması öylesine bir mesele olamazdı. Diğeri, onun için birlikte yaşaması faydalı olan bir iş arkadaşı değeri kazandı. Önceleri, yani maymunsu bir insan olduğu zamanlarda bile aile kurma alışkanlığı edindi ve aile üyeleri muhtemelen onun ilk yardımcılarıydı. Aile kurmanın, genital tatmin ihtiyacının artık çat kapı gelen ve gittikten sonra kendisinden uzun süre haber alınamayan bir misafir gibi görünmekten çıkıp, artık bulunduğu yeri uzun bir süreliğine kiralayan bir kiracı gibi hissettirdiği anla bağlantılı olacağı düşünülebilir. Bu gerçekleştiğinde erkek dişileri, daha genel tabirle cinsel nesnelerini yakında tutmak gibi bir güdü edindi; çaresiz yavrularından ayrı kalmak istemeyen kadınsa, çocuklarının yararına daha güçlü olan erkeklerin yanında kalmaya mecburdu.[7] Bu ilkel ailede uygarlığa

---

[7] Cinsel sürecin organik dönemselliğinin varlığını sürdürmüş olduğu doğrudur, ancak bunun ruhsal cinsel uyarılma etkisi tersine dönmüştür. Bu değişim en çok, âdet döneminde erkeğin ruhunu etkileyen koku uyaranlarının azalmasıyla ilgili gibi görünür. Ara sıra ortaya çıkan koku uyaranlarının rolünü, devamlı etkili olabilen görsel uyarılmalar almıştır. Âdet dönemi tabusu, üstesinden gelinmiş bir gelişim aşamasına karşı savunma olarak bu "organik bastırma"dan kaynaklandı. Diğer bütün güdüler muhtemelen ikincil özellikteydi. Bu süreç geride kalan bir uygarlık döneminin tanrılarının şeytanlara dönüştüğü başka bir zamanda tekrarlandı. Koku uyaranlarının azalması, insanın dik durup yerden yükselmesinin bir sonucu gibi görünür; bu da önceden görünmeyen cinsel organlarının artık ortada ve korunmasız olmasına yol açarak onda utanma duygularını uyandırmıştır.

dair önemli bir özellik hâlâ eksikti; ailenin başındaki kişinin keyfî isteklerinde hiçbir sınır yoktu. *Totem ve Tabu*'da ailenin bu şeklinden toplu yaşam aşamasına geçişi, erkek kardeşler topluluğu biçimiyle göstermeye çalışmıştım. Oğullar, babalarını alt ettiklerinde bir araya gelmenin tek bir bireyden daha güçlü olabileceğini anlamışlardı. Totemik kültür, bu yeni durumu koruyabilmek için birbirlerine dayatmak zorunda oldukları kısıtlamaların üzerine kuruludur. Tabuya uyma, zamanın ilk "doğrusu" veya "kuralıydı". Öyleyse insanların toplu hâlde yaşamasının iki dayanağı vardı: dışsal ihtiyaçlar doğrultusunda ortaya çıkan çalışma zorunluluğu ve hem erkeğin cinsel nesnesinden, yani kadınından, hem de kadının kendi vücudundan çıkan çocuğundan mahrum kalmak istememesi-

---

Uygarlık sürecinin başlamasında insanın dik durma alışkanlığını edinmesinin çok büyük etkisi olmuştur. Bu noktadan sonra olaylar zinciri, koku uyaranlarının değerinin azalması ve âdet döneminin yalıtımıyla görsel uyaranların öneminin artması, cinsel organların görünürlüğüyle cinsel uyarılmanın devamlılığı, aile kurulması şeklinde devam ederek insan uygarlığının eşiğine kadar geldi. Bu yalnızca teorik bir tahmindir, ancak insanlara yakın olan hayvanların yaşam koşulları açısından dikkatle incelenmeyi gerektirecek kadar önemlidir.

Hijyenik kaygılar doğrultusunda sonradan haklı bulunan, ancak bunlardan önce ortaya çıkan kültürel temizlik yaklaşımında da toplumsal bir etkinin bulunduğu açıktır. Temizliğe yönelik kararlılığın kaynağında duyusal algılara hoş gelmemeye başlayan dışkıdan kurtulma dürtüsü bulunur. Durumun çocuklarda farklı olduğunu biliyoruz. Dışkı, çocuklarda tiksinmeye yol açmaz; vücutlarından çıkan bir parça olarak değerli görünür. Burada yetiştirme, ileriki gelişim sürecinde dışkıyı değersiz, tiksindirici, iğrenç ve pis bir şey hâline getirmeyi hızlandırmak için enerjik bir biçimde üsteler. Vücuttan atılan maddelerin şiddetli kokuları olmasaydı değerlerin bu şekilde tersine dönmesi pek mümkün olmayacaktı. Böylelikle anal erotizm ilk olarak uygarlığa giden yolu açan organik bastırmaya yenik düşmüş olur. Gelişimindeki bütün ilerlemelere rağmen, insanın kendi dışkısının yerine başkalarının dışkısına ait kokuları iğrenç bulması, anal erotizmin daha başkalaşmasından sorumlu olan toplumsal etkinin varlığını onaylar. Bu nedenle temiz olmayan, yani dışkısını gizlemeyen insan başkalarına rahatsızlık vermiş ve onlara saygısızlık etmiş olur. Edilen en ağır küfürlerin genellikle bununla ilgili olması bunu kanıtlar niteliktedir. Baskın duyusu koklamak olan, dışkıdan korkmayan ve cinsel işlevlerden utanmayan köpekler bu özellikleri üzerinden insanlarca aşağılanmamış olsaydı, küfür ederken bu en sadık dostun isminin kullanılması da anlaşılamaz olurdu.

ne yol açan aşkın gücü. Eros ve Ananke (Aşk ve İhtiyaç) insan uygarlığının anne babası olmuşlardır. Uygarlığın ilk sonucu, artık çok daha fazla sayıda insanın toplu olarak yaşayabiliyor oluşuydu. Bu iki büyük gücün burada iş birliği yapmasından dolayı, uygarlığın daha ileri gelişiminin dış dünya üzerindeki hâkimiyetini artırması ve toplulukta yer alan insan sayısının daha da artması şeklindeki ilerleyişinin kolay olacağı tahmin edilebilirdi. Yine de, uygarlığın kendisini onun akışına bırakan insanları mutlu etmek dışında, üzerlerinde nasıl bir etki bırakacağını anlamak kolay değildir.

Çatışmanın nereden kaynaklanabileceğini incelemeden önce, aşkın uygarlığın temellerinden biri olarak kabul ediliyor oluşu bizi konudan biraz saptırarak daha önceki tartışmalarımızda bıraktığımız bir boşluğu doldurmamızı sağlayacaktır. İnsanın, genital (cinsel) aşkın ona en kuvvetli tatmin deneyimini sağladığını, hatta bütün mutluluk çeşitlerinin bir örneğini sunduğunu keşfetmesi, ona yaşamdaki mutluluğu cinsel ilişkiler üzerinden aramaya devam etmesi ve genital erotizmi yaşamının merkezine yerleştirmesi gerektiğini telkin etmiş olmalı demiştik. İnsanın bunu yaparken seçmiş olduğu sevgi nesnesi üzerinden kendini dış dünyanın bir parçasına olabilecek en tehlikeli şekilde bağımlı kıldığını ve bu nesne tarafından reddedilmesi, sadakatsizlik ya da ölüm sebebiyle onu kaybetmesi durumunda kendisini büyük acılara karşı savunmasız hâle getirdiğini de söylemiştik. Bu sebeple bütün çağların bilge insanları böyle bir yaşam biçiminin seçilmemesi gerektiği konusunu ısrarla vurgulamışlardır; buna karşın çok sayıda insan için bu yaşam biçimi çekiciliğini yitirmiş değildir.

Küçük bir grup, yapıları sayesinde her şeye rağmen

mutluluğa sevgi üzerinden ulaşabilir durumdadır. Ancak bunun mümkün olmasından önce sevginin işlevinin geniş kapsamlı ruhsal değişimlerden geçmesi gereklidir. Bu insanlar, asıl değeri sevilmekten alıp sevmeye vererek kendilerini nesnelerinin kabulünden bağımsızlaştırır, nesnenin yitirilişine karşı sevgilerini tek bir nesneye yöneltmek yerine bütün insanlara eşit biçimde vererek kendilerini korur, genital sevginin belirsizlik ve hayal kırıklıklarından kaçınmak için bu sevginin cinsel hedeflerinden vazgeçerek içgüdüyü ketlenmiş yani engellenmiş bir dürtüye dönüştürürler. Bu şekilde elde ettikleri şey, her ne kadar genital sevgiden türetilmiş olsa da bu sevginin dışarıdan görünen fırtınalı ve kışkırtıcı tavrıyla pek benzerliği olmayan, rahat, kararlı ve sevecen bir duygu hâlidir. İçsel mutluluk hissi için sevgiyi kendi çıkarına kullanma biçiminde en ileri giden belki de Assisili Aziz Francis idi. Haz ilkesinin gerçekleştirilmesi için kullanılan yöntemlerden biri olarak kabul ettiğimiz şey, genellikle dinle ilişkilendirilmiştir; bu ilişki ego ve nesneler arasındaki ya da nesnelerin kendi aralarındaki ayrımın yapılmadığı sapa bölgelerde yatıyor olabilir. Derinlerdeki motivasyonunun bize birazdan daha anlaşılır geleceği ahlaki bir bakış açısına göre, insanlığa ve dünyaya karşı duyulan evrensel sevgi bir insanın ulaşabileceği en üstün görüşü temsil eder. Tartışmanın başında olmamıza rağmen bu bakış açısına karşı itirazlarımı sunmak istiyorum. Hiçbir ayrım yapmayan bir sevgi bana göre nesnesine haksızlık ederek kendi değerini kaybeder; ayrıca, her insan sevgiyi hak etmez.

Aileyi kuran sevgi uygarlıktaki varlığını sürdürmeye hem doğrudan cinsel doyumdan vazgeçilmeyen baştaki hâliyle, hem de hedefi ketlenmiş[8] bir şefkat olarak değişmiş hâliyle devam eder. Her iki hâliyle de çok sayıda insanı bir araya getirme işlevini sürdürür ve bunu ortaklaşa çalışmanın başarabileceğinden daha etkileyici bir biçimde yapar. Dilin "sevgi" kelimesini kullanışındaki umursamazlığının da genetik bir haklılığı bulunur. İnsanlar cinsel ihtiyaçlarının kendilerini aile kurmaya yönelttiği kadın ve erkeğin arasındaki ilişkiyi sevgi olarak adlandırırlar; ancak aile içinde hem ebeveyn ve çocuklar hem de kardeşler arasındaki olumlu hisleri de aynı şekilde sevgi olarak tanımlarlar, üstelik bu ilişkileri "hedefi ketlenmiş sevgi" ya da "şefkat" olarak tanımlamak zorunda olmamıza rağmen. Hedefi ketlenmiş sevgi aslında tam olarak şehvetli sevgiydi ve insanın bilinç dışında hâlâ da böyledir. Hem şehvetli sevgi hem de hedefi ketlenmiş sevgi, ailenin dışına çıkar ve önceden yabancı olan insanlarla yeni bağlar kurar. Cinsel sevginin yolu yeni ailelerin oluşumuna çıkarken, hedefi ketlenmiş sevgininki "arkadaşlıklara" çıkar ki bu da cinsel sevginin kısıtlamalarından, örneğin kişiye özel olmaktan çıktığı için kültürel açıdan değer taşır. Ancak sevginin uygarlıkla ilişkisi gelişim sürecinde kesinliğini yitirir. Bir taraftan sevgi uygarlığın çıkarlarına karşı gelirken diğer yandan uygarlık sevgiyi ciddi kısıtlamalarla tehdit eder.

İkisinin bu ayrılığı kaçınılmaz gibi görünür; bunun sebebi hemen anlaşılamaz. Ayrılık, kendini ilk olarak aile ile bireyin ait olduğu daha büyük topluluk arasındaki bir çatışma olarak gösterir. Uygarlığın başlıca uğraşlarından birinin insanları daha büyük topluluklar hâlinde bir araya

---

8 Çn: Amerikan Psikoloji Derneği'ne göre hedefin ketlenmesi varsayımı, bir içgüdünün amacına doğrudan ulaşamadığı ancak asıl amacına benzer eylem veya ilişkiler aracılığıyla görece daha az bir doyum elde ettiği durumlardır.

getirmek olduğunu kavramıştık. Ancak aile bireyden öylece vazgeçmez. Aile üyelerinin birbirlerine bağlılığı arttıkça, kendilerini diğerlerinden soyutlama eğilimleri de artar ve bu kişilerin daha geniş bir yaşam çerçevesine girmeleri zorlaşır. Çocukluk çağında tek başına baskınlığını sürdüren ve soy oluş bakımından daha eski olan birlikte yaşama biçimi, sonradan edinilen kültürel yaşam biçiminin yerini almasını istemez. Kendini aileden ayırmak her genç insanın yüzleştiği bir sorundur; toplum ise bu sorunun çözümünde erginleme ve ergenlik törenleri ile ona yardım eder. Bu zorlukların, ruhsal ve aslında organik gelişimlerin tümüne özgü olduğu izlenimine kapılıyoruz.

Dahası, başlarda sevgi talepleriyle uygarlığın temelini atan kadınlar sonraları uygarlığın karşısında durmaya, onun üzerinde baskılayıcı ve yavaşlatıcı etkilerini göstermeye başlarlar. Kadınlar aile ve cinsel yaşamın çıkarlarını temsil ederler. Gitgide erkeklerin uğraşı hâline gelmiş olan uygarlık, onları her zamankinden daha zor görevlerle karşılar ve kadınların pek az yetenekli olduğu içgüdüsel yüceltmeleri uygulamaya zorlar. Erkeğin sınırsız bir ruhsal enerjisi olmadığından, görevlerini tamamlarken libidosunu yararlı bir şekilde dağıtması gerekir. Kültürel amaçlar için kullandıklarını büyük bir ölçüde kadınlardan ve cinsel yaşamdan kıstıklarından alır. Erkeklerle sürekli bir arada oluşu ve onlarla olan ilişkilerine bağlılığı, erkeği kocalık ve babalık görevlerinden bile uzaklaştırır. Bunun sonucunda kadın, uygarlığın talepleri tarafından arka plana itilmeye zorlanmış hisseder ve ona karşı düşmanca bir tavır takınır.

Uygarlık tarafından ise, cinsel yaşamın kısıtlanması eğilimi kültürel birliği yayma eğilimi kadar açıktır. Uygarlık, daha ilk aşamasında yani totemcilik aşamasında bile beraberinde nesne seçiminde ensest yasağı getirmiştir. Bu durum belki de insanın erotik yaşamının gelmiş geçmiş en büyük bozgunudur. Tabu, kural ve gelenekler de hem kadınları hem de erkekleri etkileyen daha büyük kısıtlamalar getirmiştir. Bütün uygarlıklar bu konuda eşit derecede ileri gitmez; toplumun ekonomik yapısı da geri kalan cinsel özgürlüğün miktarını etkiler. Burada, kendi amaçları için kullandığı ruhsal enerjinin büyük bir kısmını cinsellikten almak zorunda olduğundan, uygarlığın ekonomik zorunluluk kurallarına göre hareket etmek olduğunu biliyoruz. Bu açıdan uygarlık cinselliğe, başka bir halkı sömüren insanların veya sosyal sınıfın davrandığı gibi davranır. Baskılanan unsurların başkaldırmasından duyulan korku, onu daha sıkı önlemler almaya zorlar. Böyle bir oluşumun tepe noktasına Batı Avrupa uygarlığımızda ulaşıldı. Bir toplulukta çocuğun cinsel yaşam belirtilerinin yasaklanması psikolojik açıdan sonuna kadar savunulur, çünkü çocuklukta bu tür bir hazırlık yapılmazsa yetişkinlerin cinsel arzularını dizginlemek imkânsız olur. Ancak toplumun kolayca kanıtlanabilen ve göze çarpan bir olguyu reddedecek kadar ileri gitmesi hiçbir şekilde savunulamaz. Cinsel açıdan olgunluğa erişmiş bir birey söz konusu olduğunda, seçilecek nesne yalnızca karşı cinsle sınırlandırılmıştır ve genital bölgeler dışında tatmin yollarının birçoğu sapkınlık olarak görülüp yasaklanmıştır. Bu yasaklarla ortaya çıkan talep, insanların cinsel yapılarındaki doğuştan gelen ya da sonradan edinilmiş farklılıkların göz ardı edilmesi ve herkes için tek tipte bir cinsel yaşam olmasıdır. Söz konusu talep birçok kişiyi cinsel hazdan mahrum bırakır ve böylece büyük bir haksızlık kaynağına dönüşür. Bu kısıtlayıcı önlemlerden edinilecek sonuç, yapıları tarafından engellenmemiş normal insanlardaki cinsel ilginin tamamının herhangi bir kayıp olmadan açık bırakılan kanallara akması olabilir. Ancak yasaklanmadan muaf olan heteroseksüel cinsel sevginin kendisi de yasallıkta ve tek eşlilikte ısrar biçiminde daha ileri kısıtlamalara maruz kalır. Günümüz uygarlığı cinsel ilişkilere yalnızca bir kadın ve bir erkek arasında sağlam bir bağ kurulmuş olmasına dayanarak izin vereceğini açıkça belirtir. Cinselliğin yalnızca bir haz kaynağı olmasından hoşlanmaz ve buna tahammül etmesinin tek sebebi şimdilik insan cinsinin çoğalmasını sağlayacak başka bir yöntemin bulunmamasıdır.

Bu elbette aşırıya kaçan bir durumdur. Herkes bunun kısa bir süre için bile olsa uygulanmasının imkânsız olduğunu bilir. Yalnızca güçsüz kişiler cinsel özgürlüklerine böylesine saldıran bir duruma teslim olmuşlardır. Güçlü kişiler ise buna yalnızca daha sonra bahsedeceğimiz dengeleyici bir koşulla izin vermişlerdir. Uygar toplum, kendi kurallarına göre cezalandırılması gereken çok sayıda ihlale sessizce göz yummak zorunda kaldığını fark etmiştir. Ancak, tam aksi yönde bir hataya düşerek, böyle bir tavrın bütün amaçlarını gerçekleştirmediği için toplum açısından tamamen zararsız olduğunu varsaymamalıyız. Her ne şekilde olursa olsun uygar insanın cinsel hayatı ağır bir hasar almıştır; bu bazen tıpkı diş ve saçlarımızın organ olarak gerilemesindeki gibi, işlevinde gerileme sürecinde olduğu izlenimini uyandırır. Cinsel yaşamın mutluluk duygusu kaynağı olarak öneminin ve dolayısıyla yaşam amacımızı gerçekleştirmedeki anlamının büyük ölçüde azaldığını varsayarsak muhtemelen yanılmış olmayız. Bazen bizi tam bir doyumdan yoksun bırakan ve başka yollara sapmaya zorlayan şeyin yalnızca uygarlığın baskısı olmayıp, bunun işlevinin doğasındaki bir şey olduğunu hissederiz. Bu yanlış da olabilir, karar vermek zordur.[9]

---

9 Yukarıda bahsedilen görüş, şu değerlendirmeler tarafından desteklenir: İnsan da tıpkı diğerleri gibi biseksüel eğilimler taşıyan hayvan türünden bir canlıdır. Kimi araştırmacılara göre birey, bir tarafı tamamen erkek ve diğer tarafı tamamen kadın olan iki simetrik yarının birleşimine karşılık gelir. İki yarının da başta hermafrodit olması eşit bir olasılık taşır. Cinsellik, ruhsal yaşamda müthiş bir önem taşımasına rağmen psikolojik açıdan anlaşılması zor olan biyolojik bir olgudur. Her insanın hem kadınsal hem de erkeksi içgüdüsel dürtüler sergilediğini söylemeye alışkınızdır; ancak erkeklik ve dişilik özelliklerini açıkça gösterebilen anatominin aksine, psikoloji bunu yapamaz. Psikoloji için cinsiyetlerin arasındaki zıtlık zayıflayarak etkinlik veya edilgenlik arasındaki bir zıtlığa dönüşür. Burada hemen etkinliği erkeklikle ve dişiliği de edilgenlikle özdeşleştirmeye kalksak da bu görüşün hayvanlar âleminin bütünü için herhangi bir doğruluğu yoktur. Biseksüellik teorisi hâlâ çeşitli bilinmezliklerle çevrilidir ve içgüdüler teorisi ile henüz herhangi bir bağ kurmamış olmasını psikanalizdeki bir kusur olarak görebiliriz. Nasıl olursa olsun, her bireyin cinsel yaşamında hem eril hem dişil arzularını tatmin etmeye çalıştığını varsayarsak, bu taleplerin aynı nesne tarafından karşılanmayacağı ve her birinin ayrı tutulamayıp kendisine uygun bir kanala yöneltilmemeleri durumunda birbirleriyle çakışacağı ihtimaline hazırlıklı oluruz. Başka bir zorluk da, erotik ilişkinin, kendi sadist nitelikli bileşenlerinin dışında saldırganlığa da eğilimli olması durumundan kaynaklanır. Sevgi nesnesi bu zorluklara her zaman, kocasının kendisini bir haftadır dövmediği için artık kendisini sevmediğinden şikayet eden köylü kadını gibi bir anlayış ve hoşgörü göstermeyecektir.

Ancak en derine inen varsayım, bir önceki dipnotta anlatmaya başladığım varsayımdır. Bu hususta insanın dik durması ve koku duyusunun değerinin azalması, yalnızca anal erotizmini değil bütün cinselliğini organik bastırmaya kurban gitme tehlikesiyle karşı karşıya bırakmıştır. Bu noktadan sonra cinsel işleve, onun tam bir doyuma ulaşmasını engelleyen, cinsel hedefinden uzaklaştırıp yüceltmeye ve libidinal yer değiştirmelere iten, daha fazla açıklanamayacak bir soğukluk eşlik etmiştir. Bleuler'in bir seferinde cinsel yaşama karşı ilkel bir itici tutumun varlığından bahsettiğini biliyorum (1913). Bütün nevrotikler ve onların dışındaki pek çok kişi "inter urinas et faeces nascimur" (idrar ve dışkı arasında doğma) olgusuna itiraz eder. Cinsel organlar birçok kişinin katlanamadığı ve cinsel birleşmelerin tadını kaçırdığı keskin kokular çıkarır. Böylelikle, uygarlıkla birlikte gelişen cinsel bastırmanın en derindeki kökünün, insanın daha önceki hayvani varlığının karşısında yeni edindiği dik duruşlu yaşamın organik savunması olduğunu görürüz. Bilimsel araştırmanın bu sonucu, sıkça duyduğumuz basit önyargılarla şaşırtıcı biçimde örtüşür. Yine de bunların tümü henüz bilim tarafından desteklenmemiş olasılıklardır. Koku uyaranlarının değerinin kesin bir şekilde azalmış olmasına karşılık, Avrupa'da bile, bize fazlasıyla itici gelen kokuları cinsel uyarıcı olarak oldukça değerli bulan ve bundan vazgeçmek istemeyen topluluklar olduğunu unutmamalıyız.

V

Psikanalitik çalışma, nevrotik olarak bilinen kişilerin cinsel yaşamın tam da bu engellenmelerine tahammül edemediklerini göstermiştir. Nevrotikler, kendi semptomlarının içinde bu tahammül edemedikleri engellemelerin yerini alacak doyumlar yaratırlar. Bu ikame doyumlar ya kendisinin acı çekmesine neden olur ya da toplum ve çevre ile ilişkilerinde sorunlar çıkararak acı kaynağı hâline gelir. İkinci sonucu anlamak kolaydır ancak ilki bizi yeni bir sorunla karşılaştırır. Ancak uygarlık, cinsel doyumun dışında başka fedakârlıklar da ister.

Kültürel gelişimin güçlüğünü, libidonun ataletine ve eski hâlini bırakıp yeni bir biçim almaya karşı isteksizliğine dayandırıp bunu genel bir gelişim güçlüğü olarak ele aldık. Uygarlık ve cinsellik arasındaki zıtlığa, cinsel sevginin iki kişi arasında ve üçüncü bir kişinin yalnızca rahatsız edici veya gereksiz olacağı bir ilişkiyken, uygarlığın çok sayıda kişi arasında olan ilişkilere dayanmasından ulaşırken de neredeyse aynı şeyi söylemiş oluyoruz. Bir sevgi ilişkisi zirveye ulaşmışken, ortada çevreye gösterecek bir ilgi kalmaz; birbirini seven kişiler birbirine yeter ve onları mutlu edecek ortak bir çocuğa bile ihtiyaç duymazlar. Eros başka hiçbir durumda benliğinin özünü, ikiden bir yapma amacını bu kadar açıkça göstermez; ancak bu amaca iki insanın sevgisiyle ulaştığında daha ileri gitmek istemez.

Buraya kadar, kültürel bir toplumun kendi içinde libidinal doyuma ulaşmış, iş ve ortak çıkarlar bağıyla birbirlerine bağlanmış iki kişilik bireylerden oluşan bir unsur olduğunu hayal edebiliriz. Eğer durum böyle olsaydı, uygarlığın cinsellikten enerji çekmesi gerekmezdi. Ancak işler burada arzulandığı gibi değildir ve hiçbir zaman da öyle olmamıştır. Gerçeklik, bize uygarlığın kendisine sağladığımız bağlarla yetinmediğini, toplumun üyelerini aynı zamanda libidinal bağlarla da bir arada tutmayı amaçladığını ve bu yolda her aracı kullandığını, üyelerin güçlü bir şekilde özdeşleşmesini sağlayacak her yolu desteklediğini ve topluluk bağını arkadaşlık ilişkileriyle güçlendirebilmek için hedefi ketlenmiş libidoyu büyük ölçüde devreye soktuğunu gösterir. Bütün bu amaçların gerçekleştirilmesi için cinsel yaşama kısıtlama getirilmesi kaçınılmazdır. Ancak uygarlığı bu yolda ilerlemeye zorlayan ve cinselliğin karşısında durmasına sebep olan gerekliliğin ne olduğunu anlamaya gücümüz yetmez. Henüz keşfetmediğimiz rahatsız edici bir etken söz konusu olmalıdır.

Buradaki ipucu, uygar toplumun ideal olarak adlandırdığımız taleplerinin birinden gelebilir: "Komşunu kendin gibi seveceksin." Bu söz dünyaca bilinir ve şüphesiz onu en gururlu davası olarak öne süren Hristiyanlıktan daha eskidir. Yine de kesinlikle çok eski değildir; çünkü tarihsel zamanlarda bile insanlara yabancı gelen bir şeydi. Bu söze karşı, onu ilk defa duyuyormuşuz gibi naif bir tavır takınalım. Bu durumda şaşkınlık hissini bastıramayız. Neden komşumuzu kendimiz gibi sevelim? Bunun bize ne gibi bir faydası var? Her şey bir yana, bunu nasıl başaracağız? Bu nasıl mümkün olabilir? Sevgim benim için değerli bir şeydir, onu hiç düşünmeden etrafa saçmamam gerekir. Bana, yerine getirirken fedakârlıklar yapmaya hazır olmam gereken görevler verir. Birisini sevecek olursam o kişinin bunu bir şekilde hak etmesi gerekir. Bana sağlayabileceği faydaları ve bir cinsel nesne olarak olası değerini hesaba katmıyorum;

çünkü komşunu sev ilkesinde bu iki ilişki çeşidinin ikisi de söz konusu değildir. Önemli konularda onda kendimi sevebileceğim kadar bana benziyorsa, kendi idealimi onda sevebileceğim kadar benden daha mükemmelse bunu hak eder. Komşum arkadaşımın oğluysa da onu sevmem gerekir çünkü ona bir zarar gelirse arkadaşım acı duyacağından bunu paylaşmak zorunda olmam gerekir. Ancak bana yabancıysa ve kendi değeriyle ya da duygusal yaşamımda bir yer edinme yoluyla beni etkileyemiyorsa onu sevmem zor olacaktır. Ayrıca bunu yapmam yanlış olur çünkü sevgim kendi insanlarım için onları tercih ettiğimin bir göstergesi olarak değerlidir ve bir yabancıyı eşit derecede sevmem onlara haksızlık olur. Ancak onu sırf kendisinin de tıpkı bir böcek, solucan ya da yılan gibi dünyanın üzerinde yaşayan bir varlık olmasından dolayı bu evrensel sevgiyle seveceksem, payına küçücük, hatta aklımın yargısı doğrultusunda kesinlikle kendime ayırmayacağım kadar küçük bir sevgi düşeceğinden endişe ederim. Uygulanması akla mantığa sığmıyorsa, böylesine bir ciddiyetle dile getirilen ilkenin anlamı nedir?

Biraz daha irdelediğimde daha farklı sorunlarla karşılaşıyorum. Bu yabancı yalnızca genel olarak sevgimi hak etmemekle kalmaz, açıkça itiraf etmem gerekirse düşmanlığımı, hatta nefretimi bile kazanması gerekir. Kendi sevgisinden bana ufacık bir parça bile ayırmıyor ve bana hiç saygı duymuyor gibidir. Eğer kendisine bir faydası olacaksa canımı yakmaktan çekinmez, bana verdiği bu zararla kendisinin sağladığı fayda arasında bir oranı olup olmadığını bile merak etmez. Hatta buradan bir fayda sağlamasına bile gerek yoktur; herhangi bir arzusunu tatmin edebiliyorsa bana hakaret etmek, iftira atmak, beni küçümsemek ve gövde gösterisi yapmak onun için hiç sorun olmayacaktır; onun kendini güvenli, benimse çaresiz hissettiğim ölçüde bana böyle davranacağını kesin olarak bekleyebilirim. Eğer farklı bir şekilde davranır, bana karşı bir yabancı olarak saygı ve hoşgörü gösterirse ben de herhangi bir kural olmaksızın ona karşı aynı davranışları gösteririm. Doğrusu, bu büyüklenmeci emir "Komşunu, seni sevdiği gibi sev." biçiminde olsaydı ona karşı çıkmazdım. Bunun dışında bana daha da anlaşılmaz gelen ve içimde daha güçlü bir karşı çıkma isteği uyandıran başka bir emir daha vardır: "Düşmanlarını sev." Ancak bunun üzerinde biraz daha fazla durunca, diğerinden daha büyük bir dayatma olduğunu düşünmekle hata ettiğimi anlıyorum. Sonuçta ikisi de temelde aynı şeyi savunur.

Şu an yüce bir sesin beni uyardığını duyuyorum sanki: "Tam da komşun sevgiyi hak etmediği ve aslında düşmanın olduğu için onu kendin gibi sevmelisin." İşte o zaman bunun *Credo quia absurdum*[10]*'a* benzer bir durum olduğunu anlıyorum.

Şimdi büyük bir ihtimalle komşumdan beni kendisi gibi sevmesi istendiğinde benim verdiğim cevabın aynısını verecek ve beni aynı sebeplerle dışlayacaktır. Umarım bunu yaparken aynı nesnel gerekçelere sahip olmaz, ancak o da benimle aynı şeyleri düşünecektir. Böyle olsa bile insanların davranışları farklılık gösterir ve etik bunların değişmezliğini göz ardı ederek onları "iyi" veya "kötü" olarak sınıflandırır. Bu inkâr edilemeyecek farklar yok edilmedikçe, etiğin yüksek taleplerine uymak uygarlığın amaçlarına zarar verecektir çünkü bu durum kötü olmaya olumlu bir değer biçer. Burada, Fransız parlamentosunda ölüm cezasının

---

10 Saçma olduğu için inanıyorum.

tartışıldığı sırada yaşanan bir olayı hatırlamadan edemeyiz. Üyelerden biri hararetli bir şekilde ölüm cezasının kaldırılmasını savunmuş ve konuşması büyük bir alkış almıştı, tam da bu sırada salondan şöyle bir ses yükseldi: "Que messieurs les assassins commencent" (İlk adımı katiller atsın.)

Bütün bunların ardında gizlenen ve herkesin reddetmek için hazır olduğu gerçek, insanların sevilmek isteyen ve yalnızca saldırıldıklarında kendilerini savunabilen hassas yaratıklar olmadıkları, aksine içgüdüsel yeteneklerinin arasında büyük bir saldırganlık özelliği de taşımalarıdır. Dolayısıyla insanın komşusu onun için yalnızca bir yardımcı ve cinsel nesne değil, aynı zamanda saldırganlığını üzerinde tatmin etmek için kendisini baştan çıkaran, karşılığını vermeden emeğini sömürebileceği, rızasını almadan cinsellik için kullanabileceği, malına mülküne el koyabileceği, aşağılayabileceği, acı verebileceği, işkence yapabileceği ve öldürebileceği bir kimsedir. *Homo homini lupus* (İnsan insanın kurdudur). İnsanın tarih ve yaşamındaki onca tecrübeyi düşününce, kim bu ifadeye karşı çıkmaya cesaret edebilir ki? Bu korkunç saldırganlık, genellikle ya bir kışkırtmayı bekler ya da kendini aynı onun gibi hedefine daha yumuşak yollardan ulaşabilecek başka bir amacın hizmetine sunar. Koşullar bunun için uygun olduğunda, yani saldırganlığı engelleyen ruhsal karşı güçler saf dışı olduğunda kendiliğinden ortaya çıkar ve insanı kendi türüne karşı yabancı olan vahşi bir yaratık gibi gösterir. Kavimler Göçü'nde, Hunların ya da Cengiz Han ve Timurlenk'in yönetimindeki Moğollar olarak bilinen insanların istilalarında, dindar haçlıların Kudüs'teki kuşatmasında, hatta sonuncu dünya savaşında yapılan vahşetleri hatırlayan herkes bu görüşün gerçekliği karşısında mütevazı bir şekilde eğilmelidir.

Hem kendimizde sezdiğimiz hem de başkalarında bulunduğunu varsaydığımız bu saldırganlık eğilimi, komşumuzla olan ilişkilerimizi bozan ve uygarlığın enerjisini büyük bir oranda harcayan bir unsurdur. İnsanların birbirlerine karşı duydukları bu temel düşmanlıktan dolayı, uygar toplum devamlı bir dağılma tehlikesiyle karşı karşıyadır. Ortak çalışmanın çıkarları onu bir arada tutamaz; içgüdüsel tutkular akılcı çıkarlardan daha güçlüdür. Uygarlık, insanların saldırgan içgüdülerini sınırlamak ve bunların dışa vurumlarını kontrol altında tutmak için ruhsal karşıt tepki oluşumuyla iş birliği yaparak elinden geleni ortaya koymak zorundadır. İnsanları özdeşleşmelere ve hedefi ketlenmiş sevgi ilişkilerine yönlendirmeyi amaçlayan yöntemlerin kullanılması, cinsel yaşamlarının kısıtlanması, insanın doğasıyla böylesine çelişen başka bir şey olmaması gerçeğiyle temize çıkan komşunu kendin gibi sev emrinin gelmesi tam da bu sebeptendir. Bütün çabalara rağmen, uygarlığın bu girişimleri şimdiye kadar pek başarılı olamamıştır. Kendine, suçlulara karşı şiddet gösterme hakkı tanıyarak vahşi şiddetin aşırılıklarını önlemeyi umar ancak yasalar insan saldırganlığının daha rafine ve dikkatli dışa vurumlarını kontrol edemez. Her birimizin genç yaşlarda diğer insanlara güvenerek kapıldığı beklentilerin aldatmaca olduğunu fark edip bunlardan vazgeçtiği bir vakit vardır. Bu vakit geldiğinde, diğerlerinin kötü niyetlerinin yaşamımıza nasıl zorluk ve acılar kattığını anlayabiliriz. Yine de uygarlığı, insanların eylemlerinden yarışmayı ve çekişmeyi çıkarmaya çalışmakla suçlamak haksızlık olur. Bu unsurlar kesinlikle vazgeçilmezdir. Ancak bunlara karşı çıkmak düşmanlık değildir; sadece kötüye kullanılmaları düşmanlığa yol açar.

Komünistler, kötülüklerimizden kurtulmanın yolunu bulduklarına inanırlar. Onlara göre insan komşusuna karşı tamamen iyi niyetli ve yardımseverdir; ancak özel mülkiyet uygulaması onun doğasını bozmuştur. Özel mal varlığı bireysel gücün yanında komşuya kötü davranma ayartısı da getirir; varlığın dışında bırakılanlar ise kendisini ezen kişilere karşı ayaklanmak ve düşman olmak zorunda kalır. Kişiye özel mülkiyet kaldırılır, bütün mal varlığı ortak kılınır ve herkesin bundan faydalanma hakkı olursa insanlar birbirlerine karşı düşmanlık ve kötü niyet beslemeyecektir. Herkesin ihtiyaçları giderilmiş olacağından hiç kimsenin diğerine düşmanlıkla yaklaşmak için bir sebebi bulunmayacak, bunun için yapılması gereken işler gönüllülükle üstlenilecektir. Komünist sistemin ekonomik eleştirileriyle ilgilenmiyorum; özel mülkiyetin kaldırılmasının faydalı ve yerinde olup olmadığını araştıramam.[11] Ancak sistemin psikolojik temelinin savunulamaz bir yanılsama olduğunu görüyorum. Özel mülkiyeti ortadan kaldırarak insanı saldırganlık tutkusunun gereçlerinin birinden yoksun bırakmış oluruz; bu fazlasıyla güçlü bir gereçtir ancak en güçlüsü olmadığı kesindir. Bu yöntemle saldırganlık tarafından kötüye kullanılan gücü ve etkiyi hiçbir şekilde değiştirmiş olmayız, aynı şekilde onun doğasını da. Saldırganlığı yaratan mülkiyet değildir. Sahip olunan şeylerin çok kısıtlı olduğu ilk çağlarda da varlığını pek kısıtlanmadan sürdürmüştür. Mülkiyetin birincil, yani anal formundan vazgeçilmeden hemen önceki

---

11 Gençliğinde yoksulluğun acısını tatmış, varlıklı olanların kibrini ve aldırışsızlıklarını görmüş birinin insanlar arasındaki mülkiyet eşitsizliğine ve bunun yol açtığı şeylere karşı açılan savaşı ve gösterilen çabaları anlayacağından şüphe yoktur. Elbette bu savaş bütün insanlar için eşitlik gibi adalet temelli soyut bir isteğe dayandırılacak olursa belirgin bir itirazla karşılaşırız: Doğa, insanları hiç de eşit olmayan fiziksel ve zihinsel özelliklerle donatarak çaresi olmayan bir adaletsizlik yaratmıştır.

çocukluk döneminde, saldırganlık kendini göstermeye başlar ve insanlar arasındaki sevgi ve şefkat ilişkilerinin tümünün temelini oluşturur (tek istisna, annenin erkek çocuğuyla arasındaki ilişki olabilir). Maddi varlıklar üzerindeki kişisel hakları ortadan kaldırsak bile, cinsel ilişki alanındaki ayrıcalıklar olduğu yerde kalacak ve diğer açılardan eşit koşullarda olan insanlar arasında en güçlü nefret ve düşmanlık kaynağı hâline gelecektir. Cinsel yaşamı tamamen özgür kılarak ve dolayısıyla uygarlığın üreme hücresi olan aile kurumunu bozarak bu etkeni de ortadan kaldırırsak, uygarlığın gelişiminin hangi yollara sapacağını kolayca kestiremeyiz; ancak insan doğasının bu yok edilmez özelliğinin sapılan o yola da ulaşacağını tahmin edebiliriz.

İnsanların bu saldırganlık eğilimini doyuma ulaştırmaktan kolayca vazgeçemeyeceği açıktır; o olmadan kendilerini rahat hissetmezler. Nispeten daha küçük bir kültürel topluluk, dışarıdakilere düşmanlık göstererek bu içgüdüye bir çıkış noktası gösterir. Bu durumun sağladığı avantaj küçümsenecek bir şey değildir. Dışarıda saldırganlıklarının dışa vurumlarını karşılayacak başka insanlar kaldığı sürece, çok sayıda insanı sevgi aracılığıyla bir arada tutmak her zaman mümkündür. Birbirlerine komşu olan ve başka şekillerde de bağlantıları olan toplulukların, örneğin İspanyollar ve Portekizlilerin, Kuzey ve Güney Almanların, İngilizler ve İskoçların karşılıklı kavga ve birbirlerini yerme olgusundan bahsetmiştim. Bu olguya "küçük farklılıkların narsisizmi" ismini vermiştim, yine de bir isim her şeyi açıklamıyor. Burada, saldırganlık eğiliminin topluluğun üyelerinin bağlılığını kolaylaştıran, rahat ve görece zararsız bir doyumu görülür. Bu açıdan, her yere dağılmış Yahudi halkı kendilerini ağırlayan memleketlerin uygarlıklarına fazlasıyla yararlı hizmetlerde bulunmuştur. Ancak ne yazık ki Orta Çağ'ın tüm Yahudi katliamları o dönemi Hristiyan dostları için daha huzurlu ve güvenli bir hâle getirmeye yetmemiştir. Aziz Pavlus'un evrensel insan sevgisini kendi Hristiyan topluluğunun temeline yerleştirdikten sonra Hristiyanlık âleminin dışında kalanlara karşı aşırı hoşgörüsüz bakması kaçınılmaz bir son olmuştur. Dinin bir devlet işi sayılmasına ve devletin içine sinmesine rağmen, topluluk yaşamlarını sevginin üzerine kurmamış olan Romalılar için dinî hoşgörüsüzlük yabancı bir şeydi. Germenlerin dünyaya egemen olma rüyasını tamamlayan Yahudi düşmanlığı gizemli bir tesadüf değildir. Rusya'da yeni bir komünist uygarlık oluşturma girişiminin psikolojik desteğini burjuvalara zulmetmede bulması da anlaşılabilir bir durumdur. İnsan yalnızca Sovyetlerin burjuvalarını yok ettikten sonra ne yapacaklarını endişe içinde merak ediyor.

Uygarlık, insanı yalnızca cinselliğinden değil, saldırganlığından da ödün vermesi için bu kadar zorluyorsa bireyin bu uygarlığın içinde mutlu olmasının neden zor olduğunu daha iyi anlayabiliriz. İçgüdüleri herhangi bir şekilde kısıtlanmadığı için ilkel insanların durumu aslında daha iyiydi. Bunu dengeleyen unsur, bu mutluluğu uzun bir süre tadamama ihtimaliydi. Uygar insan mutluluk ihtimallerini bir parça güvenlikle değiş tokuş etmiştir. Yine de ilkel ailede bu içgüdüsel özgürlüğün tadını çıkaran kişinin yalnızca reis olduğunu unutmamamız gerekir; onun haricindeki herkes köleliğe benzer bir baskı altında yaşıyordu. Dolayısıyla uygarlığın bu ilkel döneminde, uygarlığın getirilerinden yararlanan azınlık ile bu hakları ellerinden alınan çoğunluğun arasındaki karşıtlık en uç noktalara taşınmıştır. Bugün yaşamakta olan ilkel topluluklarla ilgili dikkatle yapılan araştırmalar, içgüdüsel yaşamlarının özgürlüğünün özenilecek bir yanı olmadığını göstermiştir. Bu kişilerin yaşamları farklı kısıtlamalara tabidir ancak bunlar muhtemelen modern uygar insanın kısıtlamalarından çok daha katıdır.

Uygarlığımızın içinde bulunduğu durumu bizi mutlu edecek bir yaşam düzeni isteğimizi karşılamakta fazlasıyla yetersiz olmasıyla, belki de önlenebilecek çok fazla acının varlığına izin vermesiyle haklı olarak hatalı bulduğumuzda ve acımasız biçimde eleştirerek kusurlarının köklerini açığa çıkarmaya çalıştığımızda uygarlık düşmanı olmayız. Yapmaya çalıştığımız şey hakkımızı savunmaktır. İhtiyaçlarımızı daha iyi karşılayabilmesi ve eleştirilerimizden kaçabilmesi için, uygarlığımızda zamanla bu gibi değişikliklerin olmasını bekleyebiliriz. Ancak belki de kendimizi uygarlığın doğasında bazı güçlükler bulunduğu ve bunların herhangi bir reform girişimine teslim olmayacağı düşüncesine de alıştırmamız gerekir. Hazırlıklı olduğumuz içgüdüleri kısıtlama görevlerinin yanında, "grupların psikolojik yoksulluğu" olarak adlandırılabilecek bir tehlike de dikkatimizi çeker. Bu tehlike özellikle toplumsal bağların üyelerin birbirleriyle özdeşleşmesinin üzerine kurulduğu, lider konumundaki kişilerin topluluk oluşumunda paylarına düşen önemi kazanmadığı durumlarda ciddiyet kazanır. Amerika'nın şu anki kültürel durumu, bize uygarlığın uğramasından korktuğumuz bu zararı incelemek için iyi bir fırsat verebilir. Ancak eleştiri oklarını Amerikan uygarlığına doğrultma isteğinden kaçınacağım; kendim de Amerikan yöntemlerini kullanmak istiyormuşum gibi bir izlenim bırakmak istemem.

VI

Daha önce hiçbir eserimde herkesçe bilinen şeylerden bahsettiğimi, kâğıt ve mürekkebi harcadığımı, dizgicinin ve matbaanın emeği ile malzemesini apaçık ortada olan şeyleri açıklamak için tükettiğimi şimdiki kadar güçlü bir biçimde hissetmemiştim. Bu sebeple, özel, bağımsız bir saldırganlık içgüdüsünü tanımak, psikanalitik içgüdü teorisinde bir değişiklik anlamına geliyor gibi görünürse bundan memnuniyet duymam gerekir.

Ancak durumun böyle olmadığını, bunun yalnızca uzun zaman önce ulaşılmış bir düşünce dönüşümünü ve bunu takip eden sonuçları daha net bir şekilde ortaya koyma meselesi olduğunu göreceğiz. Gelişimi yavaş olan psikanalitik kuramların arasında, deneme yanılma yoluyla ilerleyişi en zahmetli olan içgüdü kuramıdır. Buna rağmen bu kuram bütün yapı için öylesine gerekliydi ki onun yerine başka bir şey konması gerekiyordu. Başlarda içinde olduğum karmaşadan çıkmak için şair filozof Schiller'in "Dünyayı açlık ve sevgi döndürür" sözünü hareket noktası olarak belirledim. Açlık, bireyi korumayı amaçlayan içgüdülerin temsilcisi kabul edilebilirdi; sevgi ise nesnelerin peşinde koşar ve asıl işlevi de doğanın her şekilde desteğini sağladığı türün korunmasıdır. Böylece ilk olarak benlik içgüdüleri ve nesne içgüdüleri karşı karşıya gelmiş oldu. Yalnızca nesne içgüdülerinin enerjisi için "libido" terimini kullandım; bu yüzden benlik içgüdüleri ile (en geniş anlamıyla) nesneye yöneltilmiş libidinal sevgi içgüdüleri arasında bir karşıtlık vardı. Bu nesne içgüdülerinden biri olan sadist içgüdü, hedefinin sevgiden çok uzak olması sebebiyle diğerlerinden ayrılıyordu. Dahası, bazı yönlerden benlik içgüdülerine karıştığı çok barizdi: herhangi bir libidinal amaç gütmeyen hükmetme içgüdüleriyle yakından ilişkili olduğunu gizleyemiyordu. Ancak bu çelişkiler aşıldı; ne de olsa sadizm açıkça cinsel yaşamın bir parçasıydı, sevecen eylemlerin yerini yırtıcılık alabilirdi. Nevroz, kendini koruma uğraşı ile libidonun taleplerinin arasındaki bir mücadelenin sonucu gibi görünüyordu; bu, egonun kazandığı fakat birtakım acı ve vazgeçişlere katlanmak zorunda olduğu bir mücadeleydi.

Her psikanalist bugün bile bu görüşün uzun zaman önce aşılan bir yanlış olmadığını kabul edecektir. Yine de incelemelerimiz bastırılan güçlerden baskılayıcı güçlere, nesne içgüdülerinden egoya doğru ilerledikçe bu görüşte değişiklikler olması kaçınılmaz hâle geldi. İleri doğru atılan adımın belirleyici unsuru narsisizm kavramının getirilişiydi; yani egonun libidoyla yüklü olduğunun, hatta libidonun yuvası ve bir yere kadar onun karargâhı olduğunun keşfedilmesiydi. Bu narsisist libido nesnelere yönelir ve nesne libidosuna dönüşür; buradan da tekrar eski hâline yani narsisistik libidoya dönüşebilir. Narsisizm kavramı travmatik nevrozların, psikoza yakın olan hastalıkların ve psikozun kendisinin analitik bir biçimde kavranmasını mümkün kıldı. Aktarım nevrozlarını egonun kendini cinselliğe karşı korumak için gösterdiği çabalar olarak yorumlamaktan vazgeçmemiz gerekmiyordu; ancak libido kavramı zarar görmüştü. Ego içgüdüleri de libidinal olduğundan, önceden C. G. Jung'un da savunduğu gibi, libidoyu bir süre daha içgüdüsel enerji ile özdeşleştirmemiz gerekiyor gibi görünmüştü. Öte yandan henüz sebebini bulamamış olsam da kendi içimde içgüdülerin hepsinin aynı türden olmayacağına dair bir inanç vardı. Bir sonraki adımı, yineleme zorlantısı ve içgüdüsel yaşamın tutucu yapısı ilk kez dikkatimi çektiğinde *Beyond the Pleasure Principle* (Haz İlkesinin Ötesinde, 1920) kitabım ile attım. Yaşamın başlangıcıyla ilgili tahminlerden ve biyolojik benzerliklerden yola çıkarak, canlı maddeyi koruma ve onu daha büyük birimlere katma içgüdüsünün yanında, bu birimleri bozmaya ve onları inorganik duruma, baştaki hâline döndürmeye çalışan karşıt bir içgüdünün de bulunması gerektiği sonucuna ulaştım. Yani Eros'un yanında bir de ölüm içgüdüsü vardı. Yaşam olgusu bu iki içgüdünün kesişmesiyle veya birbirlerine karşı çıkışıyla açıklanabilirdi. Yine de, bu varsayılan ölüm içgüdüsünün etkinliklerini göstermek kolay değildi. Eros'un dışa vurumları yeterince belirgin ve gürültülüydü. Ölüm içgüdüsünün organizmanın içerisinde ta ki o bozulana kadar sessizce işlediği varsayılabilirdi; ancak elbette bu bir kanıt sayılmazdı. Bir diğer faydalı düşünce de bu içgüdünün bir kısmının dış dünyaya çevrildiği ve ortaya saldırganlık ile yıkıcılık içgüdüsü olarak çıktığı yönündeydi. Böylelikle içgüdünün kendisi Eros'un hizmetine zorlanabilecek, kendi içinde bulunduğu organizma yerine canlı veya cansız başka bir şeyi yok edecekti. Diğer türlü, dışarıya yöneltilen bu saldırganlığın kısıtlanması, her şekilde devam etmekte olan kendi kendini yok etmeyi hızlandırmak durumunda kalacaktı. Bu örnekten yola çıkarak, bu iki tür içgüdünün nadiren birbirinden ayrılmalarına (belki de hiç ayrılmamalarına) rağmen çok çeşitli oranlarla bir alaşım oluşturdukları için tarafımızca anlaşılamaz olduklarından şüphelenilebilir. Uzun süredir cinsellik içgüdüsünün bir bileşeni olarak tanıdığımız sadizm, karşımıza sevgi ve yıkıcı içgüdünün güçlü bir alaşımı olarak çıkmalıydı; tam tersi olan mazoşizm ise, içe doğru yönelmiş yıkıcılık ve cinselliğin başka türlü algılanamayacak bir eğilimi somutlaştıran ve açığa çıkaran bir birleşimi olmalıydı.

Ölüm ya da yıkım içgüdüsünün varlığına ilişkin varsayım, psikanalitik çevrelerde bile itirazla karşılaştı; sevgide tehlikeli ve düşmanca olan her şeyi daha çok sevginin kendi doğasındaki iki uçluluğa atfetme eğilimi olduğunun farkındayım. Burada geliştirdiğim görüşleri başlarda yalnızca deneme amaçlı ortaya koymuştum ancak zaman içerisinde üzerimde öylesine güçlü bir etki bıraktılar ki başka türlü düşünemez oldum. Kendi görüşüme göre bunlar, kuramsal bir bakış açısı için diğer olası görüşlerden çok daha kullanışlıdırlar; bilimsel araştırmada ulaşmaya çalıştığımız yalınlığı, olguları göz ardı etmeden ya da bozmadan sunarlar. Sadizm ve mazoşizmi her zaman erotizmle iyice iç içe geçmiş (içe ve dışa yönelik) bir yıkıcı içgüdünün dışa vurumları olarak gördüğümüzü biliyorum ancak erotik olmayan saldırganlık ve yıkıcılığın her yerde oluşunu nasıl göz ardı edip yaşamın yorumlanışındaki gerekli yerini veremediğimizi anlamıyorum (İçe yönelmiş yıkım arzusu erotizm izi taşımıyorsa genellikle algının radarından kaçar.). Yıkım içgüdüsü fikri, psikanaliz literatüründe ilk kez ortaya çıktığı zaman, fikre uzak durduğumu ve onu kabul etmemin ne kadar sürdüğünü hatırlıyorum. Başkalarının da aynı tutumu göstermiş olmaları ve hâlâ buna devam etmeleri beni daha az şaşırtıyor. Çünkü insanın "kötülüğe", saldırganlığa, yıkıcılığa ve insafsızlığa doğuştan eğilimli olduğundan bahsedilmesi "küçük çocukların hoşuna gitmez". Tanrı onları kendi mükemmelliğinin bir aynası olarak yaratmıştır; hiç kimse kendisine kötünün inkâr edilemez varlığının -Hristiyan biliminin verdiği güvenceye rağmen- Tanrı'nın gücü ya da iyiliğiyle bağdaştırılmasının ne kadar zor olduğunu hatırlatmasını istemez. Şeytan, Tanrı'nın hoş görülmesi için en iyi sebeptir. Böylece şeytanın burada oynadığı rol, Yahudi'nin Aryan ideali dünyasında yaptığı ekonomik boşaltma ile aynı olacaktır. Ancak böyle olsa bile, Tanrı, şeytanın bünyesinde topladığı kötülükler için olduğu gibi şeytanın varlığı için de sorumlu tutulabilir. Bu zorluklarla karşı karşıya kalan herkese verilebilecek tavsiye, kimi zaman insanın derin ahlaki doğasının önünde tamamen eğilmektir; bunu yapmak genelin sevgisini kazanmamıza ve hatalarımızın bağışlanmasına yardımcı olacaktır.[12]

"Libido" ismi, Eros'un gücünün dışa vurumlarını ölüm içgüdüsünün enerjisinden ayırt etmek için bir kez daha kullanılabilir. İtiraf etmek gerekir ki, ölüm içgüdüsünü kavrama konusunda daha çok zorlanıyoruz; onu yalnızca Eros'un ardında gizlenmiş bir şey olarak düşünebiliriz,

---

12 Goethe'nin Mephistopheles'inde, yıkıcı içgüdünün kötülük ilkesi ile son derece ikna edici bir özdeşleşmesini buluruz:
Denn alles, was entsteht,
Ist wert, das es zu Grunde geht . . .
So ist dann alles, was Ihr Sünde,
Zerstörung, kurz das Böse nennt,
Mein eigentliches Elemen
(Çünkü yokluktan çıkıp gelen ne varsa, layıktır yok olmaya...
...Bu yüzden sizin günah, yıkım saydığınız kötü her şey
Gerçek parçamdır benim...)
Şeytan, kendini iyi ve kutsal olanın değil, doğanın yaratıcı ve çoğaltıcı gücünün yani Eros'un rakibi olarak nitelendirir:
Der Luft, dem Wasser, wie der Erden
Entwinden tausend Keime sich,
Im Trocknen, Feuchten, Warmen, Kalten!
Hätt' ich mir nicht die Flamme vorbehalten,
Ich hätte nichts Aparts für mich
(Sudan, topraktan, havadan yayılıyor binlerce tohum
Kuru, ıslak, sıcak ve soğuk olan her yere!
Ateşi ayırmasaydım kendime,
Olmazdı hiçbir şey benim elimde)

Eros ile bir alaşım oluşturup ortaya çıkmadığı sürece onu saptayamayız. Ölüm içgüdüsünün iç yüzünü ve Eros ile ilişkisini sadizmde yakalarız; burada erotik hedefi kendine göre eğip bükerken aynı zamanda erotik itkiyi tamamen doyuma ulaştırır. Ancak cinsel bir amaç olmadan ortaya çıktığı yerde, yıkıcılığın en şiddetli raddesinde bile bu içgüdünün doyumuna olağanüstü derecede bir narsisistik hazzın eşlik ettiğini kesinlikle fark ederiz; bunun sebebi egoya eski tüm güçlülük arzusunun gerçekleştirildiğini göstermesidir. Yumuşatılmış, dizginlenmiş ve bir yerde hedefi ketlenmiş yıkım içgüdüsü nesnelere yöneldiğinde, egonun yaşamsal ihtiyaçlarının doyumunu ve doğaya hükmetmesini sağlamalıdır. Bu içgüdünün varlığına ilişkin varsayım genel olarak kuramsal bir temele dayandığından, yine kuramsal karşı çıkışların önünde bir kanıt niteliği taşımadığını kabul etmemiz gereklidir. Ancak şimdiki bilgilerimiz doğrultusunda durum bize bu şekilde görünmektedir; gelecekteki araştırma ve düşüncelerin konuya yön vereceği açıktır.

Buradan sonra saldırganlık eğiliminin insanda kendiliğinden var olmuş, kökensel bir içgüdü olduğu görüşünü benimsiyor ve uygarlık için büyük bir engel teşkil ettiğini yineliyorum. Bu araştırmanın bir noktasında uygarlığın insanlığın içinden geçmekte olduğu özel bir süreç olduğu görüşüne varmıştım; hâlâ da aynı görüşün etkisindeyim. Burada ise uygarlığın önce tekil bireyleri, sonrasında aileleri, ardından halkları ve milletleri bir araya getirme, büyük bir insanlık birlikteliği oluşturma amacı güden, Eros'un hizmetindeki bir süreç olduğunu ekleyebilirim. Bunun neden böyle olması gerektiğini bilmiyoruz; bu tamamen Eros'un işidir. Bu insan kümelerinin birbirlerine libido aracılığıyla bağlanması gerekir. Sadece zorunluluk veya birlikte çalışmadan doğan kazanımlar onları bir arada tutmayacaktır. Ancak insanın doğal saldırganlık içgüdüsü, birin tüme ve tümün bire karşı düşmanlığı uygarlığın bu düzenine karşı çıkar. Bu saldırganlık içgüdüsü, Eros'un yanında rastladığımız ve onunla dünya hâkimiyetini paylaşan ölüm içgüdüsünün ana temsilcisi ve türevidir. Artık uygarlığın evriminin taşıdığı anlamın bizim açımızdan netleştiğini sanıyorum. Bu anlam, yaşam ve yıkım içgüdüsünün çekişmesini, Eros ve Ölüm arasındaki çatışmayı insan türü üzerinden temsil etmelidir. Yaşamın özünü oluşturan bu çatışmadır ve dolayısıyla uygarlığın evrimi kısaca insan türünün yaşamının çatışması olarak betimlenebilir. Ve bu savaş, dadılarımızın cenneti anlatan ninnileriyle bastırmaya çalıştığı bir devler savaşıdır.

VII

Akrabamız olan hayvanlar neden böyle bir kültürel savaş vermiyor? İşte, bunu bilmiyoruz. Yüksek olasılıkla onlardan bazıları -arılar, karıncalar, termitler- bugün hayran kaldığımız görev dağılımı ve birey kısıtlamalarının yer aldığı devlet kurumlarına ulaşana kadar binlerce yıl didinip çaba gösterdi. Hislerimizden yola çıkarak şu an içinde bulunduğumuz durum, bu hayvan devletlerinin içinde veya orada bireylere verilen görevlerle mutlu olamayacağımızı göstermektedir. Diğer hayvan türleri için çevrelerinin etkileri ile içlerinde birbirleriyle çarpışan içgüdülerinin arasında geçici bir denge kurulmuş ve böylece gelişimin sonlanmış olması söz konusu olabilir. İlk insanda ise yeni bir libido erişimi, yıkıcı içgüdü tarafında yenilenmiş bir etkinliğin fitilini ateşlemiş olabilir. Henüz cevabı bulunmayan onlarca soru vardır.

Başka bir soru bizi daha yakından ilgilendirir. Uygarlık, kendisine karşı çıkan saldırganlığı dizginlemek, onu zararsız hâle getirmek, belki de ondan kurtulmak için ne gibi araçlar kullanır? Bu araçların birkaçından zaten haberdarız, ancak diğerlerinden daha önemli gibi görünenle henüz tanışmadık. Bunu bireyin gelişim tarihinde inceleyebiliriz. Saldırganlık tutkusunun zararsız hâle gelmesi için bireyde ne oluyor? Bu, hiçbir zaman tahmin edemeyeceğimiz ancak oldukça açık ve dikkate değer bir şeydir. Saldırganlık içe atılır, içselleştirilir; aslında geldiği yere geri gönderilir, yani kendi egosuna yöneltilir. Burada, egonun bir kısmı olan ve kendini egonun karşısında konumlandıran süperego tarafından devralınır; şimdi "vicdan" biçiminde egoya karşı onun diğerlerinde, yabancı bireylerde tatmin etmek isteyeceği aynı sert saldırganlıkla harekete geçmeye hazırdır. Sert süperego ile buna maruz kalan ego arasındaki gerilimi suçluluk duygusu olarak adlandırıyoruz; bu duygunun dışa vurumu ise cezalandırılma gereksinimi şeklindedir. Uygarlık böylelikle bireyin tehlikeli saldırganlık tutkusuna karşı bir üstünlük kazanır; onu zayıflatır, silahsızlandırır ve tıpkı fethedilmiş bir şehirdeki askerî birlikler gibi onu gözetlemesi için içerisine temsilciler yerleştirir.

Suçluluk duygusunun kaynağı söz konusu olduğunda ise, psikanalistin diğer psikologlara göre daha farklı bir görüşü vardır; buna rağmen bu görüşü açıklamak onun için de kolay değildir. Başlangıç olarak bir insanın suçluluk duygusunu nasıl geliştirdiğini soracak olursak tartışmasız bir cevap alırız: insan, "kötü" (dindar kişinin deyimiyle günah) olduğunu bildiği bir şey yaptığında kendini suçlu hisseder. Ancak sonrasında bu cevabın pek yeterli olmadığını anlarız. Biraz duraksadıktan sonra kötü bir şey yapmamış fakat bunu aklından geçirmiş kişinin de kendini suçlu olarak görebileceğini ekleyebiliriz; bu noktada niyetin neden eylem ile bir tutulduğu sorusu ortaya çıkar. Ancak her iki durum da kötü olanın yapılmaması gereken ve suçlanmayı hak eden bir şey olarak görüldüğünü varsayar. Bu kanaate nasıl varılır? Temel ve doğal bir iyiyle kötüyü ayırt etme yeteneğine karşı çıkabiliriz. Kötü olan, genellikle ego için tehlikeli veya zararlı bir şey değildir; aksine onun için arzu edilen ve ona zevk veren bir şey olabilir. Dolayısıyla işin içinde yabancı bir etki vardır ve neyin iyi neyin kötü sayılacağına karar veren de budur. İnsanın kendi duyguları onu bu yola yönlendirmeyeceğinden, bu yabancı etkiye boyun eğmek için bir sebebi olmalıdır. Bu sebebi onun çaresizliğinde ve diğer insanlara bağımlılığında kolayca bulabilir, sevgiyi kaybetme korkusu adı altında en iyi şekilde tanımlayabiliriz. Bir insan bağımlı olduğu başka bir insanın sevgisini kaybettiğinde çeşitli tehlikelere karşı korumasını da kaybetmiş olur. Her şeyden önce bu güçlü kişinin kendi üstünlüğünü cezalandırma biçiminde gösterme tehlikesine maruz kalır. Dolayısıyla başlangıçta kötü olan, kişinin sevgi kaybıyla tehdit edilmesine yol açan şeydir. Kişi, bu kaybetme korkusu nedeniyle ondan kaçınmalıdır. Bu aynı zamanda insanın kötü şeyi çoktan yapmış olması ile sadece niyetlenmesinin arasında çok küçük bir fark olmasının da sebebidir. Her iki şekilde de tehlike yalnızca otorite bunu fark ettiğinde ortaya çıkar ve otorite her iki şekilde de aynı biçimde davranır.

Bu ruhsal duruma "kötü vicdan" ya da "vicdan azabı" denmesine rağmen bu ismi hak etmez; çünkü suçluluk duygusu bu aşamada yalnızca sevgiyi kaybetme korkusu, yani sosyal bir kaygıdır. Küçük çocuklarda durum bundan başka bir şey olamaz. Yetişkinlerin birçoğunda da durum aynıdır; tek değişiklik babanın ya da ebeveynlerin her ikisinin yerini daha büyük bir insan topluluğunun almış olmasıdır. Bu nedenle otoritenin haberdar olmayacağından veya onları suçlamayacağından emin oldukları sürece kendilerine zevk verecek herhangi bir şeyi yapmayı alışkanlık hâline getirirler; çekindikleri tek şey yaptıklarının ortaya çıkmasıdır. Günümüz toplumu bu ruhsal durumu genel olarak hesaba katmak durumundadır.

Yalnızca otoritenin bir süperego kuruluşu aracılığıyla içselleştirildiği durumda büyük bir değişiklik olur. Bunun üzerine vicdan olgusu daha yüksek bir mertebeye ulaşır. Bir vicdan veya suçluluk duygusundan asıl şimdi bahsetmemiz gerekir. Bu noktada yapılanların ortaya çıkmasından duyulan korku sona erer. Dahası, süperegodan düşünceler dâhil hiçbir şey saklanamayacağından kötü bir şeyi yapmakla bunu dilemek arasındaki fark da tamamen kaybolur. Durumun gerçekçi bir bakış açısından ciddiyetini kaybettiği doğrudur çünkü süperegonun sıkıca bağlandığı egoya kötü davranması için bildiğimiz hiçbir sebebi yoktur. Ancak geçmişte kalan ve üstesinden gelinen şeylerin varlıklarını sürdürmesine yol açan genetik etki, temeldeki bazı şeylerin başta oldukları gibi kalması durumunda etkisini hissettirir. Süperego, günahkâr egoya aynı endişe duygularıyla eziyet eder ve dış dünya aracılığıyla cezalandırılması için fırsatlar kollar.

Bu ikinci gelişim aşamasında vicdan, ilk aşamada bulunmayan ve açıklanması artık kolay olmayan bir özellik sergiler. Bir insan ne kadar erdemliyse vicdanı da o kadar katı ve şüpheci davranır; onun için kendilerini korkunç bir günahkârlıkla suçlayanlar aslında azizliği en ileri noktaya taşımış kişilerdir. Bu, erdemin kendisine vaat edilen ödülün bir kısmını yitirmesi anlamına gelir; ılımlı ve yumuşak başlı ego, rehberinin güvenini kazanamaz ve boşa çabalar gibi görünür. Söz konusu zorlukların yüzeysel olduğuna dair bir itiraz gelecek ve daha katı daha dikkatli bir vicdanın erdemli insanın alametifarikası olduğu söylenecektir. Dahası, yüksek derecede maruz kaldıkları içgüdüsel doyum ayartısı düşünüldüğünde azizlerin kendilerine günahkâr demesi pek de yanlış sayılmaz; çünkü bilindiği üzere ayartılar yalnızca devamlı bir engellenmenin sonucunda artış gösterir. Ancak içgüdülerin ara sıra bile olsa doyuma ulaştırılmaları bunların hafiflemesini sağlar, en azından bir süreliğine. Sorunlarla dolup taşan etik alanıyla ilgili başka bir olgu da şanssızlığın, yani dışsal engellenmenin süperegoda vicdanın gücünü artırmasıdır. İşleri yolunda gittiği sürece insanın vicdanı yumuşaktır ve egonun her türlü şeyi yapmasına izin verir. Ancak şanssızlık yakasına yapıştığında kendi içine döner, günahlarının farkına varır, vicdanının taleplerini artırır, kendine kısıtlamalar koyar ve kendini pişmanlıklarla cezalandırır. Bütün topluluklar böyle davranmıştır ve hâlâ da böyle davranmaya devam ederler. Ancak bu, vicdanın çocukluk çağındaki temel aşaması ile kolayca açıklanır. Bu aşama süperegonun içine yansıtıldıktan sonra bir kenara bırakılmayıp onun yanında ve ardında varlığını sürdürür. Kadere ebeveyn etkeninin yerini almış gibi bakılır. Bir insan şanssızsa, bu artık en büyük güç tarafından sevilmediği anlamına gelir. Böyle bir sevgi kaybı tehlikesiyle karşı karşıya kaldığında, şansının iyi olduğu zamanlarda ihmal etmeye hazır olduğu, süperegonun içindeki ebeveyn temsilcisinin önünde bir kez daha eğilir. Bu durum özellikle kaderin katı bir dinî bakış açısıyla yalnızca kutsal iradenin ifadesi olarak görüldüğü durumlarda netleşir. İsrail halkı kendilerini Tanrı'nın en sevdiği çocukları olarak görmüştü ve bu kudretli baba onlara şanssızlık üzerine şanssızlık yağdırdığında, halkın bu ilişkiye, onun kudretine ya da hakkaniyetine olan inancı sarsılmadı; bunun yerine kendilerinin günahkârlığını öne sürecek peygamberler çıkardılar ve suçluluk duygularından dinlerinin aşırı katı emirlerini yarattılar. İlkel insanın ne kadar farklı davrandığı ise gözden kaçmaz. Bir şanssızlıkla karşılaşmışsa suçu kendinde değil, görevini yapmadığı aşikâr olan fetişte arar ve kendini cezalandırmak yerine ona dayak atar.

Böylece suçluluk duygusunun iki kaynağını anlamış oluruz: biri otoriteden duyulan ve diğeri de sonra oluşan süperegodan duyulan korku. Bunlardan ilki içgüdüsel doyumlardan vazgeçiş konusunda ısrar eder; diğeri de buna ek olarak, yasaklanmış arzuların devam ediyor oluşu süperegodan gizlenemeyeceği için cezalandırmaya zorlar. Süperegonun katılığının, yani vicdanın taleplerinin nasıl anlaşılacağını da öğrendik. Bu yalnızca yeri alınan dışarıdaki otoritenin katılığının devam ettirilmesidir. Şimdi içgüdüden vazgeçmenin suçluluk duygusu ile nasıl bir ilişkisi olduğunu görüyoruz. İçgüdülerden vazgeçilmesi başta dış otoriteden duyulan korkunun sonucuydu: kişi, içgüdülerinden bu otoritenin sevgisini kaybetmemek için vazgeçerdi. Eğer kişi bu vazgeçişi yerine getirmişse, otorite ile bir derdi kalmıyor ve suçluluk duygusu yitip gidiyordu. Ancak süperego korkusunda ise durum farklıdır. Burada içgüdülerden vazgeçmek yeterli değildir çünkü arzu devam eder ve süperegodan saklanamaz. Yani vazgeçiş sağlanmasına karşın bir suçluluk duygusu ortaya çıkar. Bu durum süperegonun kuruluşu ya da başka bir tabirle vicdanın oluşumu için büyük bir ekonomik dezavantajdır. İçgüdüden vazgeçmenin artık tamamen özgürleştirici bir etkisi yoktur; erdemli ölçülülük artık sevgi vaadiyle ödüllendirilmez. Dış mutsuzluk tehdidi, dış otorite tarafından cezalandırılma ve sevgisinin kaybı, suçluluk duygusu kaynaklı gerilimden dolayı kalıcı bir iç mutsuzlukla değiştirilmiştir.

Bu ilişkiler fazlasıyla karmaşık ve aynı zamanda öylesine önemlidir ki, kendimi yineleyecek bile olsam bunları başka bir açıdan daha ele alacağım. Karşımıza şöyle bir kronolojik sıralama çıkar: İlk olarak dış otoritenin saldırganlığından duyulan korku sebebiyle içgüdü vazgeçişi gelir (bu elbette sevginin cezalandırıcı saldırganlığa karşı bir kalkan olması nedeniyle sevgi kaybından duyulan korkudur). Sonrasında ise bir içsel otoritenin oluşturulması ve bundan, yani vicdandan duyulan korku sebebiyle içgüdülerden vazgeçiş gelir. Bu İkinci durumda kötü niyetler ile kötü eylemler eşit tutulur ve ortaya suçluluk duygusu ile cezalandırılma gereksinimi çıkar. Vicdanın saldırganlığı otoritenin saldırganlığına yetişir. Buraya kadar her şey açıktır fakat şanssızlığın (dışarıdan dayatılan bir vazgeçişle) vicdanı güçlendiren etkisi ve vicdanın en uysal, en iyi insanlardaki aşırı katılığı bu işin neresindedir? Vicdanın bu özelliklerini önceden açıklamıştık ancak muhtemelen bu açıklamaların meselenin derinine inmediği ve bazı noktaları açıklamadığı izlenimi hâkimdir. Burada ise tamamen psikanalize ait ve insanların olağan düşüncelerinin dışına çıkan bir fikir devreye girer. Bu, konunun neden böylesine karmaşık ve karanlık görünmek zorunda olduğunu anlamamıza yardımcı olacak türden bir fikirdir. Bize şunu söyler: Vicdan (ya da daha doğrusu sonradan vicdan hâline gelen endişe) başlangıçta gerçekten de içgüdüsel vazgeçişin sebebidir ancak sonrasında bu ilişki tersine döner. Artık her vazgeçiş vicdanın dinamik bir kaynağı hâline gelir ve her yeni vazgeçiş vicdanın katılığı ile tahammülsüzlüğünü artırır. Eğer bunu daha önce vicdanın oluşum tarihi ile ilgili öğrendiklerimizle uyumlu bir hâle getirebilirsek vicdanın içgüdüsel vazgeçişin sonucu olduğunu ya da (bize dışarıdan dayatılan) içgüdüsel vazgeçişin vicdanı yaratıp daha sonra bu vicdanın daha fazla içgüdüsel vazgeçiş talep ettiğine ilişkin çelişkili ifadeyi savunmayı deneyebiliriz.

Aslında bu ifadeyle daha önce vicdanın oluşumuna ilişkin söylediklerimizin arasındaki çelişki çok büyük değildir; ayrıca bunu azaltmanın bir yolunu da görebiliyoruz. Daha anlaşılabilir olması için saldırganlık içgüdüsünü örnek alalım ve bahsi geçen vazgeçişin daima saldırganlıktan vazgeçiş olduğunu varsayalım. (Bu tabii ki yalnızca geçici bir varsayım olarak düşünülmelidir.) O zaman içgüdüsel vazgeçişin vicdan üzerindeki etkisi, tatmininden vazgeçilen saldırganlığın her parçasının süperego tarafından devralınması ve egoya karşı saldırganlığını artırması biçiminde olur. Bu, vicdanın temel saldırganlığının dış otoritenin sertliğinin devamı olduğu, dolayısıyla vazgeçişle herhangi bir ilgisi olmadığı görüşüyle pek uyuşmaz. Ancak süperegonun ilk saldırganlık özelliğinin başka bir şekilde türediğini varsayarsak bu çelişkiyi ortadan kaldırabiliriz. Çocukta, ilk olmasına rağmen fazlasıyla önemli doyumlarına ulaşmasını engelleyen otoriteye karşı, kendisinden ne tür içgüdülerden vazgeçmesi istendiği fark etmeksizin, büyük bir saldırganlık gelişmiş olmalıdır. Ancak çocuk bu intikamcı saldırganlığı doyuma ulaştırmaktan vazgeçmek zorundadır. Ekonomik zorluklar içeren bu durumdan çıkış yolunu bildik mekanizmaların yardımıyla bulur. Özdeşleşme yoluyla güçlü otoriteyi kendi içinde kurar. Otorite artık onun süperegosu olur ve bir çocuğun ona karşı kullanmak isteyeceği saldırganlığın tümünü kendine mal eder. Çocuğun egosu, böylece küçük düşürülen mutsuz otoritenin, yani babanın rolüyle yetinmek durumunda kalır. Burada durum (çoğu zaman olduğu gibi) tersine döner: "Ben baba olsaydım, sen de çocuk olsaydın sana kötü davranırdım." Süperego ve ego arasındaki ilişki, henüz bölünmemiş ego ile bir dış nesne arasındaki gerçek ilişkilerin bir arzu aracılığıyla çarpıtılmış geri dönüşüdür. Bu da tipik bir durumdur. Fakat asıl fark, süperegonun esas sertliğinin kişinin nesneden gördüğü ya da nesneye atfettiği sertliği temsil etmeyip ya da o kadar fazla temsil etmeyip, daha çok kişinin buna karşı kendi saldırganlığını temsil etmesidir. Eğer bu doğruysa, vicdanın başlangıçta saldırgan bir içgüdünün baskılanması aracılığıyla ortaya çıktığını ve sonrasında benzer yeni baskılamalarla pekiştiğini ileri sürebiliriz.

Bu iki görüşten hangisi doğrudur? Genetik açıdan çürütülemez gibi görünen mi yoksa teoriyi güzel bir şekilde tamamlayan yenisi mi? Doğrudan gözlemlerin ortaya çıkardıklarına dayanarak aslında ikisinin de doğru olduğu, birbiriyle çakışmadığı ve hatta bir noktada kesiştiği bile söylenebilir. Bunun sebebi çocuğun intikamcı saldırganlığının bir kısmının, babasından beklediği cezalandırıcı saldırganlık miktarı tarafından belirlenecek olmasıdır. Öte yandan deneyim şunu gösterir: Bir çocuğun geliştirdiği süperegonun sertliği, kendisinin karşılaştığı davranışların sertliğiyle hiçbir şekilde örtüşmez. İlkinin sertliği ikincisinin sertliğinden bağımsız gibi görünür. Oldukça hoşgörülü bir biçimde yetiştirilen bir çocuk fazlasıyla katı bir vicdan geliştirebilir. Yine de bu ikisinin bağımsızlığını abartmak yanlış olur; yetiştirmedeki sert davranışların da çocuğun süperego oluşumunda güçlü bir etki yaratacağını kabullenmek zor değildir. Bu, süperegonun oluşumunda ve vicdanın ortaya çıkışında bünyesel etkenler ile gerçek ortamın etkilerinin bir arada hareket ettiği anlamına gelir. Aslında bu hiç şaşırtıcı değildir, aksine bu gibi süreçlerin tümü için evrensel bir etiyolojik durumdur.

Çocuk ilk güçlü içgüdüsel engellenmesine aşırı saldırganlıkla ve buna paralel bir süperego sertliğiyle tepki gösterdiğinde, filogenetik bir model izlediği ve o an haklı bulunacak tepkiyi aştığı söylenebilir çünkü tarih öncesi zamanındaki babalar şüphesiz korkunçtu ve aşırı saldırgan olmaları beklenebilirdi. Böylece, kişinin bireysel gelişimi filogenetik gelişime kaydığında vicdanın oluşumuyla ilgili iki teori arasındaki farklar daha da azalmış olur. Diğer yandan ise bu iki gelişimsel sürecin arasında yeni ve önemli bir farklılık göze çarpar. İnsanın suçluluk duygusunun Oedipus karmaşasından kaynaklandığı ve babanın erkek kardeş topluluğu tarafından öldürülmesinin üzerine edinildiği varsayımını göz ardı edemeyiz. Bu olayda saldırganlık unsuru baskılanmayıp hayata geçirilmiştir; fakat bu, baskılanmasının çocukta suçluluk duygusunun kaynağı olacağını varsaydığımız saldırganlık ediminin kendisidir. Bu noktada okurun hiddetle şunları söylemek istemesine hiç şaşırmam: "Yani insanın babasını öldürüp öldürmemesi fark etmiyor, suçluluk duygusu her iki durumda da oluşuyor!" Burada bazı şeylerden şüphe duymak gerekebilir. Ya suçluluk duygusunun baskılanmış saldırganlıktan kaynaklandığı doğru değil ya da babayı öldürmeyle ilgili bütün hikâye bir kurgu ve ilkel insanların çocukları babalarını şimdiki çocuklardan daha sık öldürmüyorlardı. Ayrıca bu bir kurgu değil de tarihin içinden olası bir bölüm ise, durum hepimizin olmasını beklediği bir şeyin gerçekleşmesiyle alakalı olur; yani bir insan kendini savunamayacağı bir şeyi gerçekten yaptığı için suçlu hisseder. Psikanaliz ise, neticede her gün gerçekleşen bu olay için henüz bir açıklamada bulunmamıştır.

Bu doğrudur ve bizim bu eksikliği gidermemiz gerekir. Ortada konuyla ilgili büyük bir sır da yoktur. İnsan bir kötülük yaptıktan sonra bu eylemden dolayı suçluluk duyuyorsa söz konusu duygunun *pişmanlık* olarak adlandırılması gerekir. Bu yalnızca gerçekleştirilmiş eylemle ilgilidir ve elbette eylemin gerçekleşmesinden önce vicdanın, suçlu hissetmeye hazır oluşun, devrede olduğunu varsayar. Dolayısıyla bu tür bir pişmanlık vicdanın ve genel suçluluk duygusunun kaynağını keşfetmemize yardımcı olmaz. Günlük durumlarda olup biten genellikle şudur: Bir içgüdüsel gereksinim, gücü kısıtlı olan vicdanın varlığına rağmen doyuma ulaşacak gücü kazanır; doyuma ulaştırılan gereksinimin doğal olarak zayıflamasıyla eski güç dengesi yeniden kurulur. Böylece, ne kadar sık gerçekleşirse gerçekleşsin ve pratikte ne kadar büyük bir öneme sahip olursa olsun, psikanaliz pişmanlıktan kaynaklanan suçluluk duygusunu tartışmanın dışında tutma konusunda aklanır.

Ancak insanların suçluluk duygusu ilkel babayı öldürmeye dayanıyorsa, bu her şeye rağmen bir "pişmanlık" durumu olurdu. O zaman (o sıralarda) eylemden önce vicdan ve suçluluk duygusunun var olmadığını mı düşüneceğiz? Öyle ise pişmanlık nereden çıktı? Bu durum suçluluk duygusunun gizemini açıklamalı ve bizi içinde bulunduğumuz güçlüklerden kurtarmalıdır. Öyle de olacağını düşünüyorum. Bu pişmanlık, babaya karşı ilk kez beslenen çifte değerli duyguların sonucuydu. Oğullar onu hem seviyor hem de ondan nefret ediyordu. Nefretlerini saldırganlık edimiyle giderdikten sonra, eylemden duydukları pişmanlıkla da sevgileri ön plana çıktı. Bu da babayla özdeşleşim yoluyla süperegoyu oluşturdu; babaya karşı gerçekleştirdikleri saldırganlık eyleminin bir cezası gibi süperegoya babanın gücünü verdi ve eylemin tekrarlanmasını önleme amacıyla kısıtlamalar getirdi. Babaya karşı saldırganlık eğilimi sonraki nesillerde de tekrarlandığı için suçluluk duygusu da sürmüş oldu, baskılanan ve süperegoya taşınan her saldırganlıkla daha da pekişti. Artık iki konuda kusursuz bir netlik yakaladığımızı sanıyorum: vicdanın oluşumunda sevginin oynadığı rol ve suçluluk duygusunun kaçınılmazlığı. Kişinin babasını öldürmesi veya bunu yapmaktan kaçınması aslında belirleyici bir unsur değildir. Her iki şekilde de kendisini suçlu hissedecektir çünkü suçluluk duygusu Eros ile yıkım veya ölüm içgüdüsü arasındaki sonsuz savaşın, çifte değerlilikten meydana gelen çatışmanın dışa vurumudur. Bu çatışma, insanların bir arada yaşama durumuyla karşı karşıya kaldıkları an hareketlenir. Toplum, aileden başka bir birim benimsemediği sürece bu çatışma kendisini Oedipus karmaşası ile dışa vurmak, vicdanı oluşturmak ve ilk suçluluk duygusunu yaratmak zorundadır. Topluluğu genişletme girişiminde bulunulduğunda ise aynı çatışma eski biçimiyle sürdürülmeye devam eder; daha da güçlenmesi durumunda suçluluk duygusunun yoğunlaşmasıyla karşılaşılır. Uygarlık, insanların sıkıca kenetlenerek bir araya gelmesine zemin hazırlayan bir içsel erotik dürtüye itaat ettiği için, bu amaca yalnızca giderek artan suçluluk duygusu üzerinden ulaşabilir. Babaya ilişkin olarak başlayan şey, topluluğa ilişkin olarak tamamlanır. Eğer uygarlık aileden insanlığa doğru zorunlu bir gelişim süreci ise, çifte değerlilikten kaynaklanan doğuştan çatışmanın, sevgi ve ölüm eğilimlerinin arasındaki sonsuz savaşın sonucu olarak suçluluk duygusunun artışı ile kopmayacak bir bağlantı içerisindedir; bu belki de zaman içerisinde bireyin dayanamayacağı bir noktaya ulaşacaktır. Akla büyük şairin "kutsal güçlere" yönelttiği etkileyici suçlama gelir:

Ihr führt in's Leben uns hinein.
Ihr lasst den Armen schuldig werden,
Dann überlasst Ihr ihn den Pein,
Denn jede Schuld rächt sich auf Erden.

(Getirdin bizi hayata
İzin verdin suçun içine düşmesi için zavallıya,
Sonra bıraktın onu kendi acısına
Ne de olsa alınır bütün suçun öcü dünyada.)

Bazılarına kendi duygularının girdabından hiç çaba göstermeden kurtulmak lütfedilmişken, geri kalan bizlerin en derin hakikate ulaşma yolunu ıstıraplı belirsizlikler ve bitmek bilmeyen arayışlar arasından bulmaya çalışmak zorunda olması fikri derin bir iç çekmemize neden olabilir.

VII

Yolculuğunun sonuna gelmiş olan yazar, marifetli bir rehber olamadığı ve onları sapa yollardan, taşlı dolambaçlardan kurtaramadığı için okurlarından kendisini bağışlamasını istemelidir. Bu iş kesinlikle daha iyi yapılabilirdi. Sonradan da olsa bazı şeyleri telafi etmeyi deneyeceğim.

İlk olarak, okurun suçluluk duygusu üzerine yaptığımız tartışmaların bu eserin çerçevesini bozduğu, çok fazla yer kaplayarak daima yakından ilişkili olmadığı ana fikri bir kenara ittiği izlenimine kapılmış olmasından şüpheleniyorum. Bu durum yazımın yapısına zarar vermiş olabilir; ancak suçluluk duygusunun uygarlığın gelişimindeki en önemli sorun olduğunu belirtme ve uygarlığın gelişimi için ödediğimiz bedelin suçluluk duygusu kaynaklı bir mutluluk kaybı olduğunu gösterme amacım ile fazlasıyla uyuşuyor.[13] İncelememizin sonuçlarıyla ilgili bu ifadenin kulağa hâlâ tuhaf gelen yanı, suçluluk duygusunun bilincimizle olan garip ilişkisine dayandırılabilir. Normal saydığımız pişmanlık durumlarında, bu duygu kendini bilinç tarafından açıkça algılanabilir hâle getirir. Gerçekten de

---

13 "Böylece vicdan hepimizi birer korkağa dönüştürür…"
Günümüzde verilen eğitimin, cinselliğin yaşamlarında ne gibi bir rol oynayacağını genç insanlardan gizliyor olması kınanacak tek özelliği değildir. İşlediği bir diğer suç ise gençleri nesnesi olacakları belli olan saldırganlığa hazırlamamasıdır. Eğitimin gençliği yaşama böylesine yanlış bir psikolojik yönlendirmeyle dâhil etmesi, birinin insanları ellerinde yazlık kıyafetlerle ve İtalyan göllerinin haritasıyla Kuzey Kutbu seyahatine göndermeye kalkmasına benzer. Bu durumda ahlaki taleplerin kötüye kullanıldığı açıktır. Eğer eğitim "İnsanlar mutlu olmak ve başkalarını mutlu etmek için şöyle olmalıdır; ancak onların öyle olmadıklarını hesap etmek zorundasınız." gibi bir cümle kuracak olsaydı, bu taleplerin katılığı böylesine bir zarar vermezdi. Bunun yerine gençlerin herkesin bu etik taleplere uyduğuna, yani herkesin erdemli olduğuna inanması sağlanır. Gençlerin de erdemli olması talebi buna dayandırılır.

"suçluluk duygusu" yerine "suçluluk bilinci" hakkında konuşmaya alışkınızdır. Normal koşulların anlaşılmasındaki değerli göstergeler için kendisine borçlu olduğumuz nevrozlar ile ilgili çalışmamız, bizi bazı çelişkilerle yüzleştirir. Bu duygulanımlardan biri olan takıntı nevrozunda, suçluluk duygusu bilinçte kendini epey belli eder; klinik tabloda olduğu kadar hastanın yaşamında da baskındır ve kendisinin yanında başka bir şeyin ortaya çıkmasına pek izin vermez. Ancak diğer nevroz çeşitleri ve vakalarında, yine benzer etkiler göstermesine rağmen, tamamen bilinç dışı kalır. Hastalarımıza kendilerinde "bilinç dışı suçluluk duygusu" bulunduğunu söylediğimizde bize inanmazlar. Kendimizi anlaşılır kılmak için suçluluk duygusunun kendini gösterdiği bilinç dışı bir cezalandırılma gereksiniminden bahsederiz. Ancak suçluluk duygusunun belirli bir nevroz çeşidi ile olan bağlantısına çok önem verilmemelidir. Takıntılı nevrozlu hastaların içinde bile suçluluk duygularının farkında olmayan ya da belirli eylemlerde ortaya çıkışının engellenmesinin üzerine bunu bir tür endişe, sancılı bir tedirginlik olarak hisseden kişiler vardır. Bu durumları anlamak eninde sonunda mümkün olacaktır fakat şu an için bunu yapamıyoruz. Belki de burada suçluluk duygusunun temelde kaygının topografik bir çeşidinden başka bir şey olmadığının, sonraki fazlarında süperegodan duyulan korku ile bütünüyle çakıştığının belirtilmesi uygun olacaktır. Kaygının bilinç ile olan ilişkisi için de aynı şekilde sıra dışı varyasyonlar söz konusudur. Kaygı, öyle veya böyle, her belirtinin ardında varlığını sürdürür. Ancak kimi zaman bütün bilinci gürültülü bir biçimde ele geçirirken kimi zaman kendini bütünüyle öyle bir gizler ki bilinç dışı bir kaygıdan ya da (tabii eğer daha duru bir psikolojik bilinçten bahset-

mek istiyorsak, kaygının aslında yalnızca bir duygu oldu-
ğundan) kaygı olanaklarından söz etmek durumunda kalı-
rız. Dolayısıyla uygarlık tarafından yaratılan suçluluk duy-
gusunun da olduğu gibi algılanmayıp büyük ölçüde bilinç
dışı kalması ya da insanlarca altında farklı nedenler aranan
bir keyifsizlik, bir memnuniyetsizlik olarak ortaya çıkması
gayet anlaşılırdır. Dinler, hiç olmazsa suçluluk duygusunun
uygarlıktaki rolünü hiçbir zaman gözden kaçırmamışlardır.
Dahası (başka bir yerde takdir etmeyi atladığım bir nokta
olarak) insanları, günah olarak adlandırdıkları bu suçluluk
duygusundan kurtaracaklarını iddia ederler. Hristiyanlıkta
bu kurtuluşun tek bir kişinin herkesin suçunu üstlenerek
kurban olarak ölmesiyle elde edilişinden, aynı zamanda
uygarlığın başlangıcı olan bu ilk suça neyin sebebiyet vere-
bileceğine dair bir sonuç çıkarmıştık.

Süperego; vicdan, suçluluk duygusu, cezalandırılma
gereksinimi ve pişmanlık gibi birbirlerinin yerine sıkça ve
üstünkörü kullandığımız kelimelerin anlamını açıklığa ka-
vuşturmak çok önemli olmasa da faydalı olabilir. Bunların
hepsi aynı duruma ilişkin olsa da durumun farklı yönlerini
ifade ederler. Süperego bizim tarafımızdan oluşturulmuş
bir yapıdır; vicdan ise, diğer işlevlerinin yanında bu yapı-
ya atfettiğimiz bir işlevdir. Bu işlev, egonun eylemlerini ve
niyetlerini gözlemleyip onlara sansür uygular. Dolayısıyla
süperegonun sert yanı, suçluluk duygusu aslında vicda-
nın katılığı ile aynı şeydir. Bunlar, egonun gözlem altında
olduğunun algısı ve egonun kendi çabaları ile süperego-
nun talepleri arasındaki gerilimin değerlendirilmesidir. Bu
eleştirel yapıdan duyulan (ve bütün ilişkinin temelinde
bulunan) korku, cezalandırılma gereksinimi, sadist bir sü-
peregonun etkisi altında mazoşistleşmiş egonun içgüdüsel

bir dışa vurumudur; yani, egoda bulunan içsel yıkıma yönelik içgüdünün, süperego ile erotik bir bağ kurması için kullanılan bir kısmıdır. Bir süperego ortada bulunmadığı sürece vicdandan bahsetmemek gerekir. Suçluluk duygusuna gelince, onun süperegodan ve dolayısıyla vicdandan da önce var olduğunu kabul etmek gerekir. O zaman suçluluk duygusu, dış otoriteden duyulan korkunun doğrudan ifadesi, ego ile bu otorite arasındaki gerilimin tanınması, otoritenin sevgisine duyulan gereksinim ile engellenmesi saldırganlık eğilimini ortaya çıkaran içgüdüsel doyuma yönelik itki arasındaki çatışmanın doğrudan türevidir. Suçluluk duygusunun bu iki katmanının (birinin içsel diğerinin de dışsal otoriteden duyulan korkudan kaynaklanarak) üst üste binmesi, vicdanın bulunduğu noktayı anlamamızı pek çok açıdan zorlaştırmıştır. Pişmanlık ise bir suçluluk duygusu durumunda egonun göstereceği tepki için kullanılan genel bir terimdir. Suçluluk duygusunun ardında işlemekte olan kaygının biraz değişikliğe uğrayan duyusal malzemesini içerir. Pişmanlığın kendisi bir cezadır ve bünyesinde cezalandırılma gereksinimini barındırabilir. Bu durumda pişmanlık da vicdandan eski olabilir.

İncelememiz esnasında bir süre zihnimizi karıştıran çelişkilerin üzerinden bir kez daha geçmenin de bir zararı olmayacaktır. Suçluluk duygusu bir noktada kaçınılmış saldırganlık eylemlerinin sonucu iken, başka bir noktada, özellikle de başlangıç noktası olan babanın öldürülüşünde hayata geçirilmiş saldırganlık eyleminin sonucuydu. Fakat bu güçlüğün içinden çıkmanın bir yolunu da bulduk. İçsel otoritenin, süperegonun oluşturulması durumu radikal bir biçimde değiştirdi. Bundan önce suçluluk duygusu pişmanlık ile çakışıyordu. (Pişmanlık teriminin bir saldırganlık eyleminin gerçekleştirildikten sonrası için ayrılması gerektiğini belirtebiliriz.) Sonrasında egonun tümbilirliği sayesinde niyetlenilen ve gerçekleştirilen saldırganlık arasındaki fark kayboldu. Artık suçluluk duygusu (herkesin bildiği üzere) yalnızca gerçekleştirilen bir eylem tarafından değil, aynı zamanda (psikanalizin keşfettiği üzere) sadece niyet edilen bir eylem tarafından da üretilebiliyordu. Psikolojik durumdaki değişikliğe bakılmaksızın, iki ilkel içgüdüye dair çifte değerlilikten kaynaklanan çatışmanın sonucu aynı olur. Burada, suçluluk duygusunun bilinçle olan değişken ilişkisine dair sorunu çözmeye kalkışabiliriz. Kötü bir eylemin yarattığı pişmanlık duygusundan kaynaklanan suçluluk duygusunun daima bilinçli olması gerektiği, kötü bir dürtü algısından kaynaklanan suçluluk duygusunun ise bilinç dışı kalabileceği düşünülebilir. Ancak çözüm bu kadar basit değildir. Takıntı nevrozu bunun tam tersini söyler.

İkinci çelişki, süperegonun sahip olduğunu varsaydığımız saldırgan enerji ile ilgilidir. Bir görüşe göre bu enerji yalnızca dış otoritenin cezalandırıcı enerjisini sürdürür ve bunu zihinde canlı tutar; diğer bir görüşe göre bu enerji kişinin engelleyici otoriteye yönelttiği, kullanılmamış olan kendi saldırganlığıdır. İlk görüş suçluluk duygusunun tarihine, ikinci görüş ise teorisine daha uygun gibi görünür. Daha yakından yapılan inceleme, uzlaştırılamaz gibi görünen bu çelişkiyi neredeyse bütünüyle gidermiştir; üzerinde durduğumuz iki durumdan da geriye kalan ortak nokta saldırganlığın içe doğru yer değiştirmiş olmasıdır. Dahası, klinik gözlemler süperegoya atfedilen saldırganlığın iki kaynağını birbirinden ayırt etmemize olanak sağlar; bunlardan biri ya da diğeri belirli bir durumda daha güçlü olsa da genellikle birlikte etki gösterirler.

Sanırım daha önce geçici olarak kabul edilmesini önerdiğim bir görüşü ciddi biçimde değerlendirmenin yeri burası. En güncel analitik literatürde, her yoksun bırakılmanın, her engellenmiş içgüdüsel doyumun suçluluk duygusunun artışı ile sonuçlandığı ya da sonuçlanabileceği düşüncesinin tercih edildiği görülüyor. Bunu yalnızca saldırganlık içgüdüleri için geçerli saymanın büyük bir kuramsal yalınlaştırma sağlayacağını ve bu varsayımla çelişecek pek fazla bir şey olmayacağını düşünüyorum. Giderilmemiş erotik talebin yerini alan suçluluk duygusundaki artışı dinamik ve ekonomik temellerde nasıl açıklayacağız? Bu, yalnızca dolaylı bir yoldan, yani erotik tatminin engellenmesinin, tatmini engelleyen kişiye karşı bir saldırganlık uyandırması ve bu saldırganlığın da bastırılması zorunluluğu ile mümkün gibi görünür. Ancak bu durumda da suçluluk duygusuna dönüştürülen şey yine sadece saldırganlıktır; baskılanmış ve süperegoya devredilmiştir. Psikanalizin suçluluk duygusunun derivasyonları ile ilgili bulgularının saldırganlık içgüdüleri ile kısıtlanması hâlinde pek çok sürecin daha basit ve net açıklanabileceğine inanıyorum. Klinik bulgular bize burada kesin bir cevap veremez çünkü varsayımlarımıza göre bu iki içgüdü neredeyse hiçbir zaman birbirlerinden ayrılıp saf bir biçimde tek başlarına görünmez; ancak uç vakaların incelenmesi muhtemelen benim öngördüğümü işaret edecektir.

Bu kısıtlanmış görüşü bastırma sürecine uygulayarak ondan faydalanmak istiyorum. Öğrenmiş olduğumuz üzere nevrotik belirtiler özünde giderilmemiş cinsel arzuların yerine geçen doyumlardır. Analitik çalışmalarımız sırasında şaşırtıcı bir biçimde her nevrozun bir miktar bilinç dışı suçluluk duygusu gizleyebileceğini, nevrozun bunları cezalandırma olarak kullanarak belirtileri kuvvetlendireceğini gördük. Şimdi şöyle bir önermede bulunmak makul görünüyor: içgüdüsel bir eğilim bastırıldığında libidinal unsurları belirtilere, saldırgan bileşenleri de suçluluk duygusuna dönüşür. Bu önerme gerçekliğe ortalama olarak yaklaşsa bile üzerinde durmaya değerdir.

Bu eserin okurlarından bazıları, Eros ile ölüm içgüdüsü arasındaki mücadelenin formülünü çok sık işittikleri izlenimine kapılmış olabilirler. Aslında bu formül insanlığın içinden geçtiği uygarlık sürecinin özelliklerini gösterecekti fakat aynı zamanda bireyin gelişimi ile de ilişkilendirildi ve buna ek olarak organik yaşamın sırrını genel hatlarıyla açığa çıkardığından da bahsedildi. Sanırım bu üç sürecin birbirleri ile olan ilişkilerini incelemekten kaçınamayız. Hem insanlığın uygarlaşma sürecinin hem de bireyin gelişim sürecinin oldukça önemli olduğunu düşündüğümüzde bu formülün tekrarı haklı görülür, yani ikisi de yaşamın genel özelliklerinden payını almalıdır. Diğer taraftan bu genel özelliğin bir kanıtı olarak, tam da yapısının genel olmasından dolayı belirli nitelendirmelerle sınırlandırılmadığı sürece bu süreçler arasında bir ayrım yapmamıza katkıda bulunmaması gösterilebilir. Dolayısıyla sadece uygarlık sürecinin Eros tarafından verilmiş ve Ananke tarafından, yani gerçekliğin zorunlulukları tarafından başlatılmış bir görevin etkisi altında değişen önemli bir süreç olduğunu, bu görevin ise ayrı bireyleri libidinal bağlar aracılığıyla bir araya getirerek topluluk oluşturmak olduğunu savunursak tatmin olabiliriz. Ancak insanlığın uygarlık süreci ile bireyin gelişimsel ya da eğitimsel süreci arasındaki ilişkiye baktığımızda fazla duraksamadan ikisinin de farklı nesneler üzerinde etkili, aynı olmasa bile oldukça benzer yapılarda süreçler olduklarına karar veririz. İnsan türünün uygarlaşma süreci, doğal olarak bireyin gelişim sürecinden daha soyut bir kavram olduğu için onu somut biçimde kavramak daha zordur; yine de bu ikisinin arasındaki benzerliği takıntılı biçimde abartmamamız gerekir. Ancak bu süreçlerin amaçları arasındaki benzerlik düşünüldüğünde, bir tarafta ayrı bireyleri bir insan topluluğu ile birleştirmede, diğer tarafta çok sayıda bireyden oluşan bir kitle yaratmada kullanılan araçların ve ortaya çıkan olguların benzerliği de şaşırtmamalıdır.

Olağanüstü öneminden dolayı, bu iki süreci birbirinden ayıran bir özellikten bahsetmeyi daha sonraya bırakamayız. Bireyin gelişimsel sürecinde, mutluluğa ulaştıran doyumu bulmaya dayalı haz ilkesi programı esas hedef olarak sürdürülür. Bir insan topluluğuna dâhil olmak ya da ona uyum sağlamak, bu mutluluk hedefine ulaşmadan önce yerine getirilmesi kaçınılmaz bir koşul gibi görünür. Bu koşul olmadan hedefe ulaşılabilseydi muhtemelen daha iyi olurdu. Başka bir deyişle bireyin gelişimi iki itkinin, genellikle "bencil" olarak adlandırdığımız mutluluğa yönelik itki ile "özgeci" olarak adlandırdığımız toplulukta başkaları ile birleşmeye yönelik itki arasındaki etkileşimin bir ürünü olarak görünür. Bu tanımlamaların ikisi de yüzeysellikten öteye gitmez. Bahsetmiş olduğumuz gibi bireysel gelişim sürecinde esas vurgu bencil itkinin (ya da mutluluğa yönelik itkinin) üzerinde olur; "kültürel" olarak tanımlanabilecek olan diğer itki ise genellikle kısıtlamalar dayatma rolüyle yetinir. Ancak uygarlaşma sürecinde işler farklıdır. Burada en önemli konu, birey hâlindeki insanlardan bir beraberlik yaratma amacıdır. Mutlu olma amacı hâlâ orada bir yerdedir fakat arka plana itilmiştir. Sanki bireyin mutluluğu dikkate alınmak zorunda olmasa, büyük bir insan topluluğu yaratmak bu şekilde daha başarılı olacakmış gibi görünür. Böylece bireysel gelişim sürecinin, uygarlığın gelişim sürecinde belirmeyen kendine has özellikleri olduğu düşünülebilir. Bireysel süreç yalnızca toplulukla birleşme amacı güttüğü ölçüde uygarlık süreci ile çakışmak durumunda kalır.

Tıpkı bir gezegenin hem kendi etrafında hem de yörüngede dönmesi gibi, birey de kendi yaşamının yolunda ilerlerken insanlığın gelişim sürecine dâhil olur. Fakat perde inmiş gözlerimiz ilahi güçler oyununu hiçbir zaman değişmeyecek bir düzen gibi görür; organik alanda ise güçlerin birbirleri ile nasıl mücadele ettiklerini ve çatışmanın etkilerinin devamlı olarak değiştiğini görebiliriz. Biri kişisel mutluluğa, diğeri de başka insanlarla birleşmeye yönelik iki itki de her bireyin içinde birbirleri ile mücadele etmek zorundadır; bu sebeple bireysel ve kültürel gelişim süreçleri birbirlerinin karşısında düşmanca durmalı ve zemin için savaşmalıdırlar. Ancak birey ile toplum arasındaki muhtemelen uzlaşmayacak olan bu mücadele, Eros ve ölüm içgüdülerinin zıtlaşmasının bir türevi değildir. Bu mücadele, libido ekonomisinde, libidonun ego ve nesneler arasında bölüşülmesiyle ilgili çekişmeyle karşılaştırılabilecek bir çatışmadır. Bireyde eninde sonunda uzlaşmaya izin veren, şu an bireyin yaşamını baskı altında tutan bu çatışmanın gelecekte uygarlık için de aynısını yapmasını umuyoruz.

Uygarlaşma süreci ile bireysel gelişim yolu arasındaki benzerlik önemli ölçüde genişletilebilir; topluluğun da bir süperego oluşturduğu ve kültürel gelişim sürecinin bunun etkisinde kaldığı ileri sürülebilir. Uygarlık hakkında bilgisi olan bir kişi için bu benzerliği detaylarıyla incelemek cazip bir iş olabilir. Ben ise öne çıkan birkaç noktaya değinmekle yetineceğim. Bir uygarlık çağının süperegosu, bireyinkine benzer bir kökene sahiptir. Bu, büyük liderlerin, öne çıkan bir zihin gücüne sahip olan ya da dürtünün kendisinde en güçlü en saf ve dolayısıyla en orantısız biçimde ifadesini bulduğu kişilerin geride bıraktıkları izlenime dayanır. Söz konusu benzerlik pek çok örnekle daha da ileri taşınır; bu kişiler, tıpkı ilkel babanın vahşice öldürülmesinden çok uzun bir süre sonra tanrılık mevkisine yükseltilmiş olması gibi yaşamları süresince, her zaman olmasa da çoğu zaman diğerleri tarafından alay konusu edilmiş, kötü davranılmış hatta bulundukları yerden zalimce sürülmüşlerdir. Bu vahim ikili kaderin en dikkat çekici örneğini ise İsa'da görürüz, tabii bu kişilik o ilkel olayın karanlık anısından yaratılan bir mitolojinin bir parçası değilse. Kültürel ve bireysel süperego arasındaki bir diğer uyuşum, tıpkı bireydekinin yaptığı gibi kültürel süperegonun da katı ideal taleplerde bulunması ve bunlara uyulmaması durumunda kişileri "vicdani endişe" ile yüzleştirmesidir. Burada, ilgili ruhsal süreçlerin bizim için toplulukta, bireyde olduğundan daha tanıdık gelmesi ve bilinç için daha ulaşılabilir olması gibi ilginç bir durumla karşılaşırız. Bireydeki bir gerilim durumunda, süperegonun saldırganlığı kendisini yalnızca suçlama biçiminde gösterir; asıl talepler ise genellikle arka planda kalır. Bunları bilinçli hâle getirirsek, kültürel süperegonun emirleri ile denk düştüklerini görürüz. Bu noktada her iki süreç, topluluğun kültürel gelişim süreci ve bireyin kültürel gelişim süreci sanki her zaman birbirleri ile kenetlenmiş bir hâlde gibidir. Bu nedenle süperegonun dışa vurumu ve bazı özellikleri, kültürel topluluktaki davranışlarında tekil bireyde olduğundan daha kolay biçimde tespit edilebilir.

Kültürel süperego kendi ideallerini geliştirmiş ve taleplerini oluşturmuştur. İnsanların birbirleri ile olan ilişkilerini ilgilendiren talepler etik başlığı altında toplanır. İnsanlar etik değerlere, sanki bununla özellikle önemli bir şey elde etmeyi bekliyormuş gibi aşırı bir kıymet vermişlerdir. Etik, gerçekten de her uygarlığın en hassas noktası olarak tanımlanabilecek bir meseleyle ilgilenir. Dolayısıyla etik, şimdiye dek başka herhangi bir kültürel eylem aracılığıyla elde edilmemiş bir şeyi süperegonun emriyle elde etme çabası ve bir tedavi girişimi olarak görülebilir. Bildiğimiz üzere buradaki problem uygarlığın önündeki en büyük engelin, yani insanların yapısal olarak birbirlerine karşı saldırganlık eğilimi taşımasının nasıl yok edileceğidir. Bu nedenle süperegonun muhtemelen en yeni olan kültürel emirlerinden biri ile yani komşunu kendin gibi seveceksin emri ile daha çok ilgileniyoruz. Nevrozlar ve tedavileri ile ilgili araştırmamızda bireyin süperegosuna karşı iki konuda itiraz etme ihtiyacı duyarız: emir ve kısıtlamalarının katılığında egonun mutluluğunu neredeyse hiç önemsememesi, bunlara uyma konusunda (başta) *id*'in içgüdüsel gücünün direnişini ve (sonra) gerçek çevreden kaynaklanan zorlukları hesaba katmaması. Bu yüzden, tedavi amacıyla sıklıkla süperegoya karşı çıkmak zorunda kalır ve taleplerini azaltmaya çalışırız. Aynı itirazları kültürel süperegonun etik taleplerine karşı da yapabiliriz. O da insanların ruhsal yapısı ile ilgili gerçekleri yeterince önemsemez. Bir emir bildirir ve insanların buna uymasının mümkün olup olmadığını sorgulamaz. Bunun yerine insanın egosunun kendisinden istenilen her şeyi yapmasının psikolojik olarak elverişli olduğunu ve bu egonun insanın idi üzerinde sınırsız bir hâkimiyete sahip olduğunu varsayar. Bu yanlıştır; normal olarak tanımlanan insanlarda bile id belirli bir yerden sonra kontrol edilemez. Daha fazlası kontrol edilmek istendiğinde ise kişide ya isyan ya nevroz ya da mutsuzluk baş gösterir. "Komşunu kendin gibi seveceksin." emri insanın saldırganlığına karşı en güçlü savunmadır ve kültürel süperegonun psikoloji karşıtı yöntemlerinin harika bir örneğidir. Bu emrin uygulanması imkânsızdır; böylesine devasa bir sevgi enflasyonu yalnızca sevginin değerini düşürür, sorunu ortadan kaldırmaz. Uygarlık bunların hiçbirini dikkate almaz; yalnızca emre uymak ne kadar zorsa bunu uygulamanın da bir o kadar değerli olacağını hatırlatır. Ancak günümüz uygarlığında böyle bir emre uyan kişi, bunu yapmayan kişinin karşısında yalnızca kendini dezavantajlı bir duruma sokmuş olur. Saldırganlığa karşı savunusu bile aynı saldırganlık kadar mutsuzluk getiriyorsa, bu uygarlık için ne de büyük bir engeldir! Kendisine karşı savunusu bile saldırganlığın kendisi kadar mutsuzluğa neden oluyorsa, bu saldırganlık uygarlık için ne kadar da büyük bir engelmiş oysa! "Doğal" etik denilenin ise kişinin kendisini diğerlerinden daha iyi görebilmesini sağlayan narsistik tatminden başka sunacağı bir şey yoktur. Bu noktada dine dayalı etik daha iyi bir öte dünya vaadini ileri sürer. Ancak erdemli olmak bu dünyada ödüllendirilmediği sürece etiğin verdiği vaadin boşa gideceğini sanıyorum. İnsanların sahip oldukları ile ilişkilerindeki gerçek bir değişimin, bu konuya herhangi bir etik emirden daha fazla katkıda bulunacağına ben de oldukça eminim; ancak bu teklif sosyalistler tarafından insan doğasına dair yeni, hatalı bir anlayışla belirsizleştirilmiş ve pratik amaçlar için kullanışsız hâle getirilmiştir.

Süperegonun kültürel gelişimde oynadığı rolün izini süren düşünce dizisinin bizi daha başka şeyler keşfetmeye götüreceğine inanıyorum. Sonuca varmak için acele etmeme rağmen atlayamayacağım bir soru bulunuyor. Uygarlığın gelişimi bireyin gelişimi ile böylesine benzerlik gösteriyor ve aynı yöntemleri kullanıyorsa, kültürel zorlamaların etkisi altındaki bazı uygarlıklara ya da uygarlık çağlarına ve muhtemelen bütün insanlığa "nevrotik" oldukları teşhisini koymakta haklı olmaz mıyız? Böyle nevrozların analitik olarak incelenmesi pratik açıdan fazlaca yararlı olabilecek tedavi önerilerini ortaya çıkarabilir. Böyle bir psikanaliz çalışmasını kültürel topluluğa taşıma girişiminin tuhaf veya verimsiz olacağını söyleyemem. Yine de çok dikkatli olmalı ve elimizde yalnızca benzerlikler olduğunu unutmamalıyız çünkü yalnızca insanların doğup büyüdükleri ortamdan değil, kavramların ortaya çıkıp geliştikleri katmanlardan koparılması da tehlikelidir. Bunların yanında, toplumsal nevroz teşhisi farklı bir zorlukla daha karşı karşıyadır. Bireysel nevrozda, hastayı "normal" olduğu varsayılan çevresinden ayıran zıtlığı başlangıç noktası olarak belirleriz. Tüm üyelerinin aynı bozukluk tarafından etkilendiği bir kitlede ise böyle bir temel bulunmadığı için başka bir yere bakmamız gerekir. Bildiklerimizden yola çıkarak uygulayacağımız tedaviye gelince, hiç kimsenin bir kitleye tedavi dayatmasında bulunacak bir yetkisi olmadığını düşünürsek toplumsal nevrozun analizinin en doğru biçimde yapılmasının ne gibi bir faydası olur? Bütün bu sorunlara rağmen bir gün birinin çıkıp kültürel topluluklar patolojisini inceleme işine girişmesini bekleyebiliriz.

İnsan uygarlığının değeri ile ilgili bir görüş belirtme işi, çeşitli sebeplerden dolayı benim amacımın çok dışında kalıyor. Uygarlığımızın sahip olduğumuz en değerli örüntü olduğu ya da onun bizi hayal edemeyeceğimiz bir mükemmelliğin zirvesine çıkaracağı biçimindeki hevesli önyargıdan uzak durmaya çalıştım. En azından, kültürel çabanın amaçlarını ve bunun için kullandığı yöntemleri incelediğinde, gösterilen bütün çabanın çekilen çileye değmediğini ve bundan elde edilenin yalnızca bireyin katlanamayacağı bir durum olduğunu savunan eleştirmeni hiç öfkelenmeden dinleyebiliyorum. Bütün bunlar hakkında çok az şey biliyor olmam tarafsız kalmamı daha da kolaylaştırıyor. Fakat emin olduğum bir şey varsa o da insanların değer yargılarının doğrudan mutlu olma istekleri ile şekillendiği, yani yanılsamalarını argümanlarla destekleyecek girişimler olduklarıdır. Eğer biri insan uygarlığının zorunlu doğasından, örneğin doğal seçilim pahasına cinsel yaşamın kısıtlanmasının ya da insani bir ideal oluşturulmasının engellenemeyecek ya da başka yöne saptırılamayacak gelişimsel olaylar olduğundan ve bunlara doğanın zorunluluğu olarak yaklaşıp uyum sağlamanın bizim için en iyisi olacağından bahsederse bunu anlayışla karşılayabileceğim. Ayrıca bu konuyla ilgili insanlık tarihinde üstesinden gelinemeyecekmiş gibi görünen bu eğilimlerin bir kenara atılıp yerine başkalarının konduğuna dair bir itiraz gelebileceğinin de farkındayım. Bu yüzden dostlarımın karşısına bir peygamber gibi çıkacak cesareti kendimde bulamıyor ve onlara bir teselli veremediğim için bana yönelttikleri suçlamaların önünde boyun eğiyorum çünkü en azılı devrimciden tutun en erdemli inananlara kadar temelde hepsinin fazlasıyla istediği şey budur.

Bence insan türünün kaderini belirleyecek olan soru, kültürel gelişimin saldırganlık ve kendi kendini yok etme biçimdeki insani içgüdülerin toplu yaşama verdiği zararla başa çıkıp çıkamayacağı ve bunu ne derece başarabileceğidir. Bu açıdan içinde bulunduğumuz zaman dilimi belki de özel bir önem taşıyordur. İnsanlar doğanın güçleri üzerinde öylesine bir hâkimiyet kurmuşlardır ki bu güçlerin yardımıyla birbirlerini ortada insan kalmayıncaya dek öldürürken hiç zorlanmayacaklardır. Bunu bilirler ve hâlihazırdaki huzursuzluklarının, mutsuzluklarının ve kaygı dolu ruh hâllerinin kaynağının büyük bir kısmını da bu oluşturur. Şimdi iki "kutsal güçten" birisi olan sonsuz Eros'un tıpkı onun gibi ölümsüz olan düşmanıyla içine girdiği savaşta kendisini göstermesini bekleyebiliriz. Ancak başarıyı ve sonucunu kim önceden tahmin edebilir ki?[14]

---

14 Son cümle 1931'de, Hitler tehlikesinin görünmeye başladığı yılda eklenmiştir.

126 ÷ 20 = 6

→ 23.12.22